Liebe Viertklässlerin, lieber Viertklässler,

im Sachunterricht der vierten Klasse warten viele spannende Themen auf dich:

Wasser	Lebens- raum Gewässer	Orientie- rung mit Karten	Landwirt- schaft	Gemeinde	Deutsch- land und Europa	Kinder- rechte	Rund ums Fahrrad

Bei der **Vorbereitung auf Tests** kann dir dieses Buch helfen.

Zu jedem dieser Themen gibt es einen **Informationsteil**. Er gibt dir einen Überblick über alles, was du wissen solltest.

… und von mir bekommst du Tipps, die dir beim Lernen helfen.

Dann folgen ein, zwei oder drei **Tests**. Mit ihnen kannst du prüfen, wo du dich schon gut auskennst. Kannst du dein Wissen in Worte fassen und auf andere Situationen übertragen? So merkst du auch, an welchen Stellen du noch einmal genauer nachlesen und lernen solltest.

Mit dem **herausnehmbaren Lösungsteil** kannst du deine Antworten kontrollieren und verbessern.

Ich wünsche dir viel Freude und Erfolg beim Lernen!

Liebe Eltern,

mit diesem Heft können Sie Ihr Kind bei der **Vorbereitung auf Tests im Sachunterricht** unterstützen. Es enthält viele gängige Themen der vierten Klasse. Die Lehrpläne lassen jedoch individuelle Spielräume zu und Schwerpunkte werden verschieden gesetzt, sodass die Grundlage zur Vorbereitung immer auch das **Material aus dem Unterricht** sein sollte.

Sinnvoll ist es, gemeinsam mit Ihrem Kind die Infoseiten durchzusehen. Anschließend kann Ihr Kind selbstständig und am Stück die Tests bearbeiten. Für die Tests sollten Sie eine Zeit von **30 bis 45 Minuten** ansetzen. Es kann beruhigend wirken, sich mit Aufgaben zu einem Thema vor der Testsituation in der Schule in Ruhe zu Hause auseinandersetzen zu können.

Helfen Sie bitte Ihrem Kind bei der Auswertung eines Tests. Beim gemeinsamen Vergleichen der Antworten mit dem **Lösungsteil** können Sie sehen, welche Inhalte Ihr Kind schon gut beherrscht und welche noch einmal genauer betrachtet werden sollten. Die Bewertung lässt bei manchen Aufgaben einen gewissen Ermessensspielraum zu. Vielleicht ergibt sich ja ein weiterführendes Gespräch, weil Sie sich auch für das Thema begeistern können.

Herzliche Grüße

Wasser

Wasservorkommen auf der Erde

Etwa 70 % der Erde sind mit Wasser bedeckt.
Deshalb nennt man die Erde auch den **„Blauen Planeten“**.
Nur durch Wasser ist Leben auf unserem Planeten möglich.
Der größere Anteil dieses Wassers ist allerdings **Salzwasser** (etwa 97 %). Der geringere Teil ist **Süßwasser** (etwa 3 %).
Als Trinkwasser für Menschen und die meisten Pflanzen und Tiere ist nur Süßwasser geeignet.

Auch der menschliche Körper besteht zu ungefähr 75 % aus Wasser.
Der Mensch nutzt Wasser vielfältig, zum Beispiel als Trinkwasser, zum Kochen, zur Körperpflege, als Energiequelle (Wasserkraftwerk) oder auch als Transportweg für Schiffe auf Flüssen.

Viele Gegenden auf der Erde leiden unter Wasserknappheit. Ausreichend Trinkwasser in hoher Qualität zu haben, ist nicht selbstverständlich, deshalb ist es wichtig, sparsam mit Trinkwasser umzugehen.

Ideen zum Wassersparen

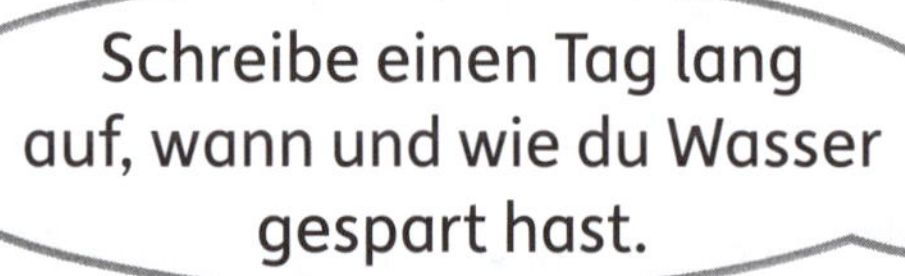

- Gieße Blumen mit Regenwasser.
- Benutze die Spartaste der Toilettenspülung.
- Zum Duschen benötigst du weniger Wasser als zum Baden.
- Achte darauf, dass du den Wasserhahn nur laufen lässt, wenn du wirklich Wasser brauchst. Beim Einseifen der Hände zum Beispiel und beim Zähneputzen muss kein Wasser laufen.

Zustandsformen (= Aggregatzustände) des Wassers

Die **Temperatur** bestimmt, welche Zustandsform Wasser hat. Durch Veränderung der Temperatur (**Abkühlen** oder **Erwärmen**) kann sich die Zustandsform ändern. Wasser kommt in **drei Zustandsformen** vor: fest, flüssig und gasförmig. Zustandsformen nennt man auch **Aggregatzustände**.

Bei **0 Grad Celsius** gefriert Wasser zu Eis: Es wird fest. Diese Temperatur nennt man den **Gefrierpunkt**. Bei **100 Grad Celsius** wird flüssiges Wasser zu Wasserdampf. Diese Temperatur nennt man den **Siedepunkt** von Wasser.

Gasförmig kann Wasser durch **Verdunsten** oder **Verdampfen** werden. Unterschiede:

verdunsten	verdampfen
• Temperatur niedriger	• Temperatur hoch
• unsichtbar	• sichtbar (Wasserdampf)
• langsam: Je wärmer es ist und je mehr Luft an die Oberfläche gelangt, desto schneller verdunstet Wasser.	• schnell

Bei der Erklärung der unterschiedlichen Zustandsformen hilft das **Teilchenmodell**: Wasser besteht aus unzähligen winzig kleinen **Wasserteilchen**.

fest	flüssig	gasförmig
Im festen Zustand sind die Teilchen fest und eng miteinander verbunden und fast unbeweglich: Eis hat eine feste Form.	Im flüssigen Zustand sind die Teilchen beweglicher, nur locker verbunden und haben keinen festen Platz mehr. Die Flüssigkeit hat keine feste Form.	Im gasförmigen Zustand lösen die Teilchen ihre Verbindungen ganz. Es gibt große Abstände zwischen ihnen. Sie bewegen sich so schnell, dass sie sich im ganzen Raum ausbreiten.

Alle Vorgänge kannst du an **Beispielen** aus dem Alltag beobachten:

1. **Kondensieren**: Eine Brille beschlägt, wenn du aus der Kälte in ein warmes Zimmer kommst. An der Brille kondensieren die unsichtbaren Wasserteilchen, die es in der Luft gibt.

2. **Gefrieren**: Die Oberfläche von Pfützen oder Seen gefriert, wenn es Minusgrade gibt.

3. **Schmelzen**: Eiswürfel schmelzen, wenn sie im Zimmer stehen.

4. **Verdampfen**: Beim Kochen steht ein Wassertopf auf der angeschalteten Herdplatte: Wasserdampf steigt sichtbar auf. Nach einiger Zeit ist kein Wasser mehr im Topf.

5. **Verdunsten**: Wäsche trocknet auf der Leine. Pfützen verschwinden nach einiger Zeit.

Der natürliche Wasserkreislauf

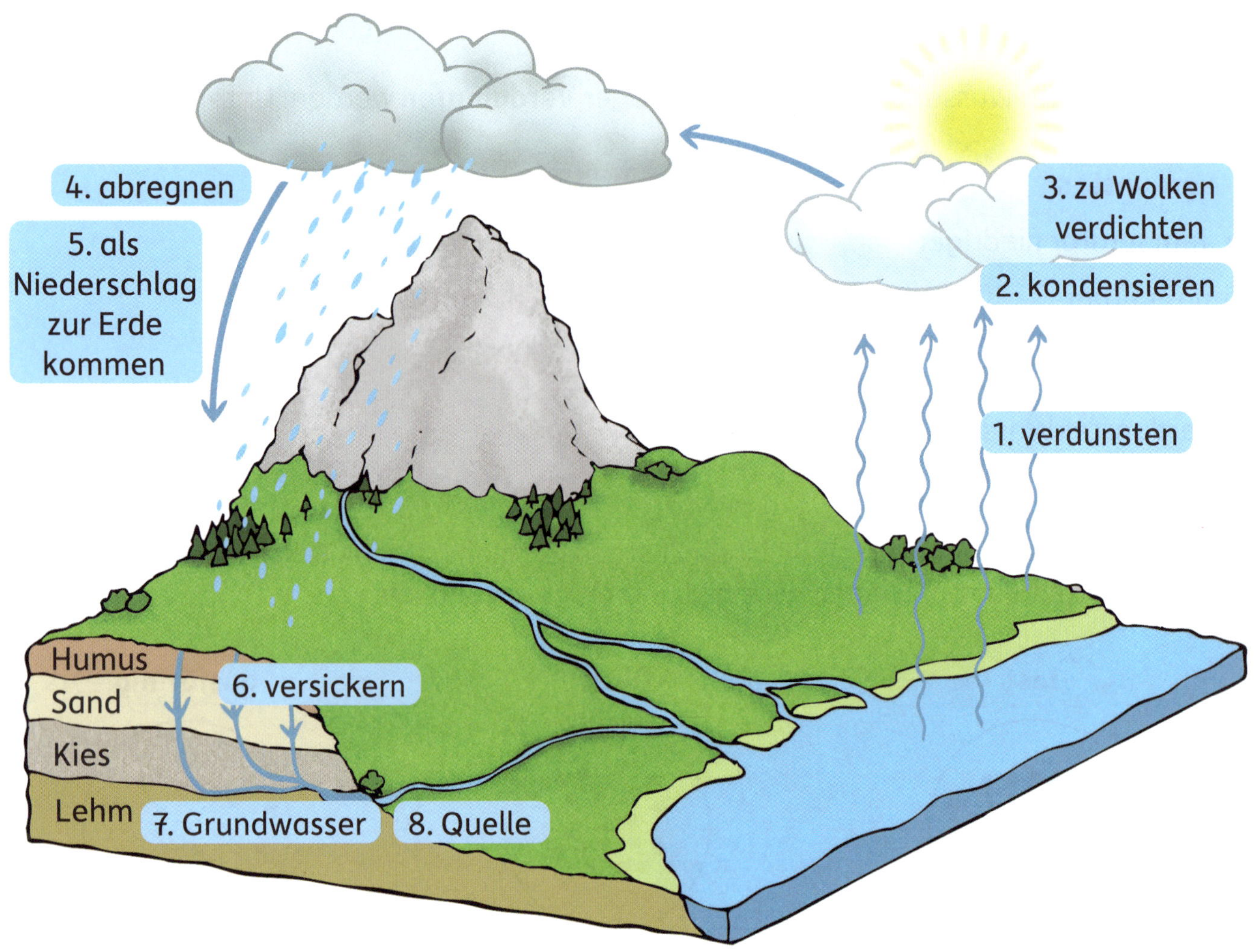

Im natürlichen Wasserkreislauf geht kein Tropfen Wasser verloren.

- Die Sonne erwärmt das Wasser in Meeren, Flüssen, Seen und feuchten Flächen. Es **verdunstet (1)**: Viele Wasserteilchen steigen in der Luft unsichtbar auf.
- In höheren Luftschichten ist es kälter als direkt über der Erdoberfläche. Die Wasserteilchen in der Luft **kondensieren (2)** und **verdichten sich (3)** zu Wassertröpfchen. Diese bilden Wolken.
- Als **Niederschlag (4 und 5)** (siehe Seite 5) gelangt das Wasser wieder auf die Erde. Ein Teil des Wassers fließt zurück in die Gewässer.
- Ein weiterer Teil **versickert (6)** im Boden. Das Wasser läuft durch **wasserdurchlässige Schichten** (Humus, Sand, Kies) und wird durch deren Filterwirkung gereinigt. Wenn das Wasser auf eine **wasserundurchlässige Bodenschicht** wie Ton, Lehm oder Fels trifft, sammelt es sich an dieser Stelle und es entsteht **Grundwasser (7)**.
- Reicht die undurchlässige Schicht bis an die Erdoberfläche und ist dort unterbrochen, sprudelt das Grundwasser hervor und es entsteht eine **Quelle (8)**.
- Von hier aus fließt das Wasser in Bäche und Flüsse und weiter in Seen und Meere: Der Kreislauf beginnt von Neuem.

Niederschlagsarten

Regen		Beim Abkühlen in höheren Luftschichten verdichten sich die Wasserteilchen zu Wassertröpfchen. Sie werden immer größer und schwerer und fallen als Regen auf die Erde.
Schnee		Wasserteilchen gelangen in sehr kalte Luftschichten, gefrieren und verbinden sich zu leichten Eiskristallen.
Hagel		Auf- und Abwinde in einer Wolke wirbeln die Wassertröpfchen immer wieder schnell durch sehr kalte Luftschichten. Dabei gefrieren sie. Beim Herabfallen kondensiert eine weitere Schicht Wasserdampf an den Eiskörnchen, die beim Hochwirbeln erneut gefriert. So werden die Hagelkörner immer größer, bis sie zu schwer sind und zur Erde fallen.
Nebel		Kalte Luftschichten verhindern das Aufsteigen der verdunsteten Wasserteilchen. Diese verdichten sich direkt über dem Boden zu winzigen sichtbaren Wassertröpfchen.
Tau		Wenn sich die Luft nachts abkühlt, kondensiert der Wasserdunst an Gräsern und Blättern zu Wassertropfen.
Raureif		Die Luft kühlt in der Nacht unter den Gefrierpunkt ab. An kalten Gegenständen, zum Beispiel Grashalmen, gefrieren die verdunsteten Wasserteilchen direkt zu Eiskristallen.

Test 1: Wasser

1 Unsere Erde, der „Blaue Planet“: richtig oder falsch? Kreuze an.

	richtig	falsch
Etwa 70 Prozent der Erdoberfläche ist von Wasser bedeckt.	○	○
Alle Menschen auf der Welt haben gleich viel sauberes Trinkwasser.	○	○
Unser Körper besteht überwiegend aus Wasser.	○	○
Über 90 Prozent des Wassers auf der Erde ist Süßwasser.	○	○

☐ /2

2a Welche Zustandsform hat das Wasser auf dem Bild? (Adjektiv)

____

2b Welche zwei weiteren Zustandsformen gibt es?

____

____

☐ /3

2c Nenne den wissenschaftlichen Begriff für „Zustandsformen“.

____

☐ /1

3 Was musst du tun, damit Wasser vom einen in den anderen Zustand übergeht?

____

☐ /1

4 Was passiert mit dem Wasser? Nenne Verben (Fachbegriffe), die die Veränderung beschreiben.

Ein Schneemann wird kleiner. ______________________

Ein frisch gewischter Boden trocknet. ______________________

Ein Spiegel beschlägt beim Duschen. ______________________

Eine Eisfläche bildet sich auf dem See. ______________________

☐ /4

5 Richtig oder falsch? Kreuze an.

	richtig	falsch
Der Siedepunkt von Wasser liegt bei 100 °C.	○	○
In gefrorenem Zustand sind die Wasserteilchen kaum miteinander verbunden.	○	○
In gasförmigem Zustand lösen sich die Wasserteilchen voneinander und bewegen sich frei im Raum.	○	○
Damit Wasserdampf kondensiert, muss die Temperatur erhöht werden.	○	○

/2

6 Auf welchem Bild trocknet die Wäsche am schnellsten? Nummeriere.

/1

7 Mia stellt einen Topf mit Wasser auf die Herdplatte und schaltet sie ein, um sich einen Tee zu kochen. Als sie den Tee nach einiger Zeit aufbrühen will, ist nur noch wenig Wasser im Topf. Erkläre, was passiert ist. Verwende Fachbegriffe.

/2

8 

Jan geht im Winter spazieren. Er atmet aus und kann seinen Atem „sehen". Warum sieht er seinen Atem? Erkläre genau und verwende dabei Fachbegriffe.

/2

9 **Nenne zwei Unterschiede.**

verdunsten	verdampfen

/2

10 **Nummeriere den Wasserkreislauf in der richtigen Reihenfolge und fülle die Lücken. Der Start ist mit (1) vorgegeben.**

( ) An manchen Stellen tritt Grundwasser an die Erdoberfläche.
Die Austrittsstelle des Grundwassers nennt man ____________________.

( ) Der Regen versickert durch die ____________________ Erdschichten. Er staut sich an den wasserundurchlässigen Schichten als ____________________.

(1) Aus Bächen, Seen und Meeren steigen unsichtbare Wasserteilchen auf.
Der Fachbegriff dafür heißt ____________________.

( ) Die Wasserteilchen rücken in der Wolke immer dichter zusammen. Wenn sie zu schwer werden, können sie sich nicht mehr halten. Es regnet.

( ) Die Wasserteilchen treffen auf kühlere Luftschichten, sie kühlen ab und verdichten sich zu Wolken. Der Fachbegriff heißt ____________________.

/7

11 **Nenne je zwei Beispiele für:**

wasserdurchlässige Schicht: ____________________

wasserundurchlässige Schicht: ____________________

/4

a Du kennst neben Regen weitere Niederschläge. Nenne drei andere.

____

____ /3

b Wähle eine Niederschlagsart (nicht Regen). Erkläre, wie sie entsteht.

____

____

____ /2

13 Eray sitzt in der Badewanne und überlegt: „In meinem Badewasser sind vielleicht auch schon Wale geschwommen."

Könnte Eray recht haben? Erkläre genau.

____

____ /2

14 Familie Müller möchte im Garten einen Teich anlegen. Sie graben ein tiefes Loch. Dann möchte Anna sofort Wasser einlaufen lassen. Kannst du ihr einen Tipp geben? Erkläre genau.

____

____

____

____ /2

Von 40 Punkten hast du _____ erreicht.

Test 2: Wasser

1a **Du siehst eine Abbildung des natürlichen Wasserkreislaufs. Was geschieht mit dem Wasser? Schreibe zu den Buchstaben die passenden Fachbegriffe.**

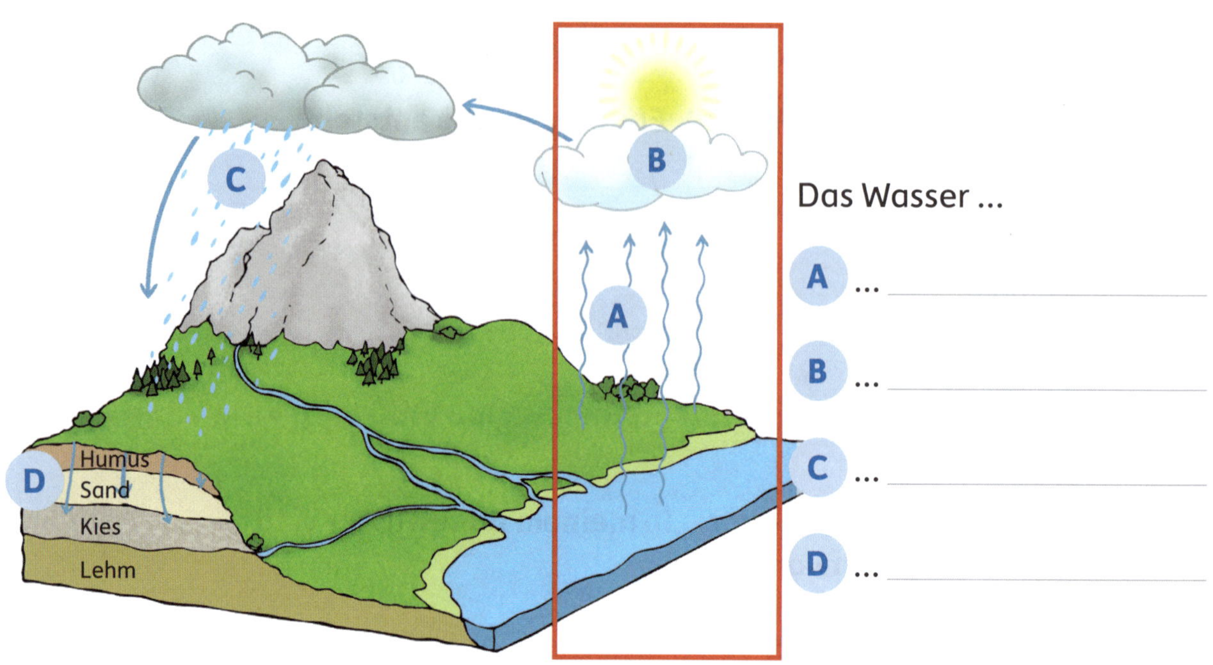

/4

1b **Erkläre die Vorgänge, die auf dem rot umrandeten Teil des Bildes zu sehen sind. Verwende dabei die Fachbegriffe.**

/2

1c **Zeichne oben in das Schaubild mit blauer Farbe ein, wo sich Grundwasser sammelt.**

/1

1d **Wie entsteht eine Quelle? Erkläre und verwende die Fachbegriffe.**

/2

2 Wasser kommt in verschiedenen Niederschlagsarten zurück auf die Erdoberfläche. Notiere jeweils die richtige Niederschlagsart.

	Niederschlagsart
In kalten Luftschichten verdichtet sich unsichtbarer Wasserdampf zu kleinen Wassertröpfchen. Diese werden immer größer und schwerer und fallen schließlich zur Erde.	
Wasserteilchen gelangen in sehr kalte Luftschichten, gefrieren und verbinden sich zu leichten Eiskristallen.	
Die Luft kühlt in der Nacht unter den Gefrierpunkt ab. An kalten Dingen gefrieren die verdunsteten Wasserteilchen direkt zu Eiskristallen.	

☐ /3

3 Wasser kommt in verschiedenen Zustandsformen vor. Schreibe je ein Beispiel aus der Natur auf.

flüssig: ____________________

fest: ____________________

☐ /2

4 Verbinde mit jedem Bild den richtigen Begriff.

verdampfen schmelzen kondensieren

☐ /1,5

5 Die Zustandsformen des Wassers: Ergänze die Lücken sinnvoll mit Fachbegriffen.

Geht Wasser vom flüssigen in den ____________________ Zustand über, so verdunstet es.

Geht Wasser vom gasförmigen in den flüssigen Zustand über, so ____________________ es.

Geht Wasser vom flüssigen in den festen Zustand über, so ____________________ es.

☐ /3

6 **Es ist Winter und sehr kalt. Aysu hat den ganzen Nachmittag draußen gespielt. Als sie in die Wohnung kommt, beschlagen ihre Brillengläser.**

Erkläre genau, was hier passiert. Verwende Fachbegriffe.

/2

7 **Zur Erklärung der Zustandsformen von Wasser hilft uns das Teilchenmodell. Sind die Aussagen richtig oder falsch? Kreuze an.**

	richtig	falsch
In festem Zustand sind die Teilchen kaum miteinander verbunden.	○	○
Wenn die Teilchen locker miteinander verbunden sind, ist Wasser flüssig.	○	○
Dieses Teilchenmodell zeigt Wasser in festem Zustand.	○	○
Nur in gefrorenem Zustand hat Wasser eine feste Form, weil die Teilchen fest miteinander verbunden sind.	○	○
Durch Wärme werden die Teilchen beweglicher.	○	○

/2,5

8 **Auf dem Schulweg denkt sich Paul: „Toll, so viele Pfützen!“ Am Nachmittag sind die Pfützen aber verschwunden. Erkläre, was passiert ist.**

/2

**9a Menschen verwenden Wasser vielfältig.
Nenne zwei Beispiele, wie Menschen Wasser nutzen.**

___

___ /2

9b Warum ist Trinkwasser kostbar? Kreuze richtige Sätze an. Streiche falsche Sätze durch.

◯ Etwa 50 % des Wassers auf der Erde ist Süßwasser und damit als Trinkwasser geeignet.

◯ Menschen können ohne Süßwasser nicht leben.

◯ In vielen Gegenden auf der Erde gibt es nicht genügend sauberes Trinkwasser.

◯ Alle Tiere brauchen zum Überleben Süßwasser. /2

9c Wie kannst du Wasser sparen? Schreibe zwei Möglichkeiten auf.

___

___

___ /2

10 Beende den folgenden Satz.

Die Erde nennt man auch den „Blauen Planeten", weil ___

___ /1

Von 32 Punkten hast du ___ erreicht.

Vergleiche nun deine Ergebnisse genau mit dem Lösungsteil.

Lebensraum Gewässer

Verschiedene Gewässer

Fließende Gewässer: Fluss, Bach, Kanal (ein Kanal wird von Menschen angelegt)

Stehende Gewässer: Tümpel, See, Weiher, Teich (ein Teich wird von Menschen angelegt)

Pflanzen im Teich

Am und im Gewässer gibt es verschiedene Formen von Pflanzen. Sie sind gut an die verschiedenen Bereiche des Teichs angepasst. So ergeben sich Gruppen:

Sumpfpflanzen: wachsen am Teichrand; vertragen Nässe, aber kurzzeitig auch Trockenheit; die schmalen Blätter bieten wenig Angriffsfläche für Wind und Wellen; die Halme sind stabil und biegsam
Beispiele: (1) gelbe Schwertlilie, (2) Schilf, (3) Rohrkolben

Schwimmblattpflanzen: haben große Blätter, die an der Wasseroberfläche schwimmen; dazu haben die Blätter mit Luft gefüllte Hohlräume; die Unterseite der Blätter haftet an der Wasseroberfläche, damit Wellen sie nicht umschlagen können; die Oberseite der Blätter ist mit einer Wachsschicht überzogen, damit das Wasser abperlt; der Rest der Pflanze wächst unter Wasser; Wurzeln dienen der Verankerung
Beispiele: (4) Seerose, (5) Teichrose

Schwimmpflanzen: schwimmen auf dem Wasser; die Wurzeln berühren nicht den Boden
Beispiele: (6) Wasserlinsen, (7) Schwimmfarne

Tauchblattpflanzen/Tauchpflanzen: leben ganz unter Wasser; die Blätter sind schmal und kurz, denn große Blätter würden im Wasser zerreißen oder die Pflanze aus dem Boden lösen
Beispiele: (8) Wasserpest, (9) Hornblatt

Tiere im Teich

Die Tiere im und am Teich lassen sich verschiedenen Gruppen zuordnen:

Säugetiere: haben meist ein Fell; bringen ihre Jungen lebend zur Welt und säugen sie
Beispiele: (1) Wasserspitzmaus, (2) Fischotter

Vögel: haben einen Schnabel; ihr Körper ist mit Federn bedeckt; die meisten Vögel können fliegen; alle Vögel legen Eier
Beispiele: (3) Stockente, (4) Blässhuhn, (5) Reiher

Fische: leben ausschließlich im Wasser; um dort atmen zu können, haben sie an ihrem Kopf Kiemen; ihre Haut ist mit Schuppen bedeckt; die meisten legen Eier
Beispiele: (6) Stichling, (7) Hecht

Amphibien: leben im Wasser und an Land; haben meist eine glatte, feuchte Haut, aber keine Schuppen; legen Eier meist im Wasser; atmen über Lunge und Haut; Larven atmen über Kiemen
Beispiele: (8) Teichmolch, (9) Teichfrosch

Insekten: haben sechs Beine und zwei oder vier Flügel; fast alle Insekten legen Eier
Beispiele: (10) Gelbrandkäfer, (11) Libelle

Weichtiere: haben kein inneres Skelett; einige schützen den Körper mit einer festen Schale
Beispiele: (12) Schlammschnecke, (13) Teichmuschel

Suche für Pflanzen und Tiere Fotos im Internet und präge sie dir ein. Hole dir Hilfe von einem Erwachsenen.

Nahrungsbeziehungen am Teich

Die Pflanzen und Tiere am Teich dienen einander als Nahrung und sind so voneinander abhängig. Die Nahrungskette zeigt, wer von wem gefressen wird (→). Dieses Zusammenleben nennt man **Ökosystem**. Wird ein Glied der Nahrungskette verändert, bedroht dies auch alle anderen Glieder.

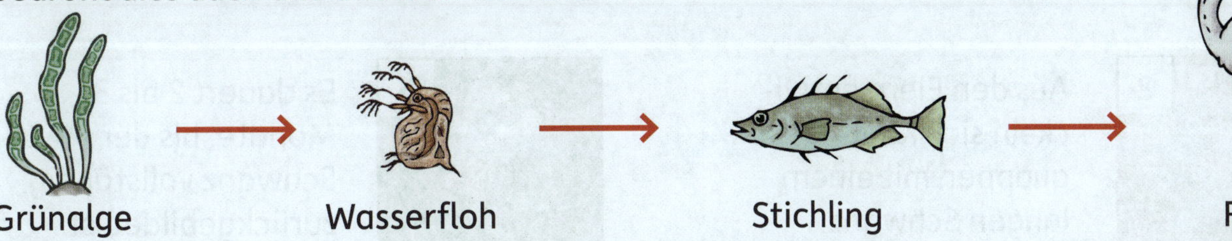

Weiteres Beispiel: Kaulquappe → Gelbrandkäfer → Frosch → Hecht

Gefährdung von Gewässern

Die Verschmutzung von Gewässern durch **Müll** oder **Düngemittel** kann das Leben von Tieren und Pflanzen gefährden. Kläranlagen reinigen zwar unser Abwasser, es sind aber noch letzte **Schadstoffe** vorhanden, wenn es wieder in natürliche Gewässer geleitet wird. Auch häufiges **Entenfüttern** bringt das Ökosystem aus dem Gleichgewicht. **Betonierte Uferregionen** und Störungen durch **Wassersportler** gefährden ebenfalls den Lebensraum.

Die Stockente – Anpassung an den Lebensraum Wasser

Stockenten sind die häufigsten einheimischen Wildenten. Sie sind gut an das Leben am und im Gewässer angepasst:

Stockenten haben **Schwimmfüße**. Zwischen den Vorderzehen sind **Schwimmhäute**, so dass sie im Wasser gut vorankommen. Zum Gehen auf dem Land sind diese Füße weniger geeignet.

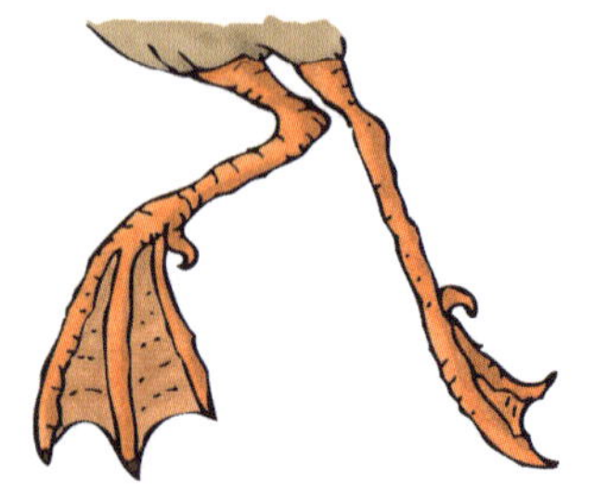

Um sich vor Nässe zu schützen, fetten Stockenten ihre Federn ein. Am Schwanz haben sie die **Bürzeldrüse**. Sie enthält **Fett**, das die Stockente mit dem Schnabel in den Federn verteilt. Außerdem muss sich die Stockente warm halten. Dazu hat sie **Daunen**. Das sind kleine, weiche Federn, die besonders gut wärmen.

Stockenten **gründeln**, um Nahrung zu suchen: Mit ihrem Schnabel suchen sie den Grund des Gewässers nach Nahrung ab. Sie fressen z. B. Wasserpflanzen, Würmer und Schnecken.

Die Entwicklung des Grasfrosches ist eine besondere Verwandlung (= Metamorphose).

Der Grasfrosch gehört zu den Amphibien. Er lebt häufig an Gewässerufern.

1 Etwa Mitte März legt das Weibchen ca. 1000 bis 2500 Eier in einem Laichklumpen ab.

2 Aus den Eiern entwickeln sich Kaulquappen mit einem langen Schwanz.

3 Nach einiger Zeit wachsen der Kaulquappe zuerst die Hinterbeine.

4 Danach entwickeln sich die Vorderbeine und der Schwanz bildet sich zurück.

5 Es dauert 2 bis 3 Monate, bis der Schwanz vollständig zurückgebildet ist.

Vielleicht hast du im Unterricht andere Tiere und Pflanzen gelernt. Die musst du kennen. Wie sind sie an den Bereich des Teichs, in dem sie vorkommen, angepasst?

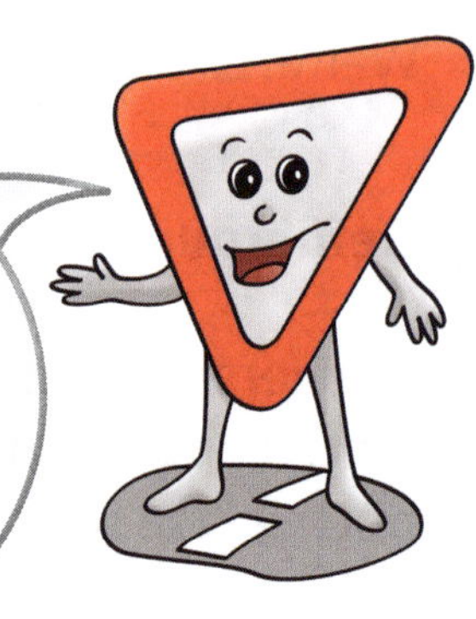

Test: Lebensraum Gewässer

1 **Nenne je zwei stehende und zwei fließende Gewässer.**

stehend: ______________________________

fließend: ______________________________

/2

2 **Wo findest du folgende Tiere und Pflanzen im Teich überwiegend? Schreibe die Nummern an die richtige Stelle des Bildes.**

1 Hecht

2 Teichmuschel

3 Blässhuhn

4 Hornblatt

5 Rohrkolben

6 Seerose

/3

3a **Verbinde die Tiere mit der Gruppe, zu der sie gehören.**

Teichmolch — Gelbrandkäfer — Fischotter

Insekten ______ — Säugetiere ______ — Amphibien ______

/1,5

3b **Nenne zu jeder Gruppe ein weiteres Tier und schreibe es oben auf die Linien.** /3

3c **Wähle <u>eine</u> der drei Tiergruppen aus und nenne <u>zwei Merkmale</u> dieser Gruppe.**

____

____

/2

4 **Zeichne eine Nahrungskette, die es am Teich geben kann, mit Pfeilen und vier Tieren oder Pflanzen. Die Namen der Tiere/Pflanzen darfst du schreiben.**

/2

5 **Beim Angeln hat Herr Huber nur einen winzigen Stichling an der Angel. „Wer braucht schon diese winzigen Fische?“, stöhnt er. Was antwortest du ihm? Erkläre.**

____

____

______________________________ /2

6 **Vervollständige den Satz.**

Wenn ein Glied in der Nahrungskette fehlt, ______________________________

______________________________ /1

7 **Wie heißen diese Pflanzen? Beschrifte die Bilder richtig und schreibe die Gruppe auf, zu der sie gehören.**

Name			
Gruppe			

/3

8 **Nenne ein Beispiel für eine Tauchpflanze und beschreibe ein Merkmal, wie sie an ihren Lebensraum angepasst ist.**

____

____

______________________________ /2

9a **Wie nennt man die Entwicklung des Grasfrosches? Kreise das richtige Wort ein. Streiche die anderen durch.**

Metaphysik Metamorphose Mikroskop /1,5

9b Nummeriere die Bilder in der richtigen Reihenfolge.

Nr.	Bild	Beschreibung
1		Das Weibchen des Grasfroschs legt ca. 1000 bis 2500 Eier in einem Laichklumpen ab.
		Die Vorderbeine entwickeln sich und der Schwanz bildet sich zurück.

/2

9c Ergänze die fehlenden Erklärungen. /3

10a Die Stockente ist gut an das Leben am und im Wasser angepasst. Beschreibe, wie sie sich vor Nässe und Kälte schützt.

____

____

____ /2

10b Wie nennt man die männliche Ente? ___________________ /1

10c Wie heißt die Futtersuche der Stockente, bei der sie mit ihrem Schnabel den Grund nach Nahrung absucht? /1

10d Wodurch kannst du männliche und weibliche Stockenten unterscheiden?

____ /1

11 Nenne <u>zwei Gefahren</u>, die natürlichen Gewässern durch den Einfluss des Menschen drohen.

____

____ /2

Von 35 Punkten hast du ____ erreicht.

Orientierung mit Karten

Karten helfen uns bei der Orientierung. Sie stellen die Erdoberfläche meistens in vereinfachter oder gezeichneter Form **von oben betrachtet** (**Vogelperspektive**) und **verkleinert** dar. Namen von Straßen, Orten, Flüssen ... werden ergänzt.

Die Legende: Gibt's meist am Kartenrand!

Hier findest du alle Informationen, die du zum Lesen der Karte brauchst:

- Maßstabsangabe
- Erklärung der Kartenzeichen
- Informationen zu den Höhenschichten (siehe Seite 21)

Der Maßstab

Der Maßstab gibt an, wie stark das abgebildete Gelände verkleinert ist.
Mit Hilfe des Maßstabs kannst du Entfernungen **berechnen**.
Zum Beispiel findest du auf der Karte eines Dorfes die Angabe **1:10 000**.

Sprich:	1	zu	10 000 (= Maßstabszahl)
Das bedeutet:	1 cm auf der Karte	entspricht	10 000 cm, also 100 m in der Wirklichkeit
So kannst du die Entfernung berechnen:	6 cm auf dieser Karte	entsprechen	$6 \cdot 10\,000$ cm = 60 000 cm, also 600 m in der Wirklichkeit
	20 cm auf dieser Karte	entsprechen	$20 \cdot 10\,000$ cm = 200 000 cm, also 2000 m oder 2 km in der Wirklichkeit

Karten haben unterschiedliche Maßstäbe. Die Größe des Maßstabs richtet sich danach, wozu die Karte verwendet werden soll. Mit einem großen Maßstab kann mehr Gelände abgebildet werden (z. B. bei Straßenkarten für Autos). Mit einem kleineren Maßstab sind Einzelheiten besser zu erkennen (z. B. Sehenswürdigkeiten in einem Stadtplan)

Die Kartenzeichen

Berge auf Karten

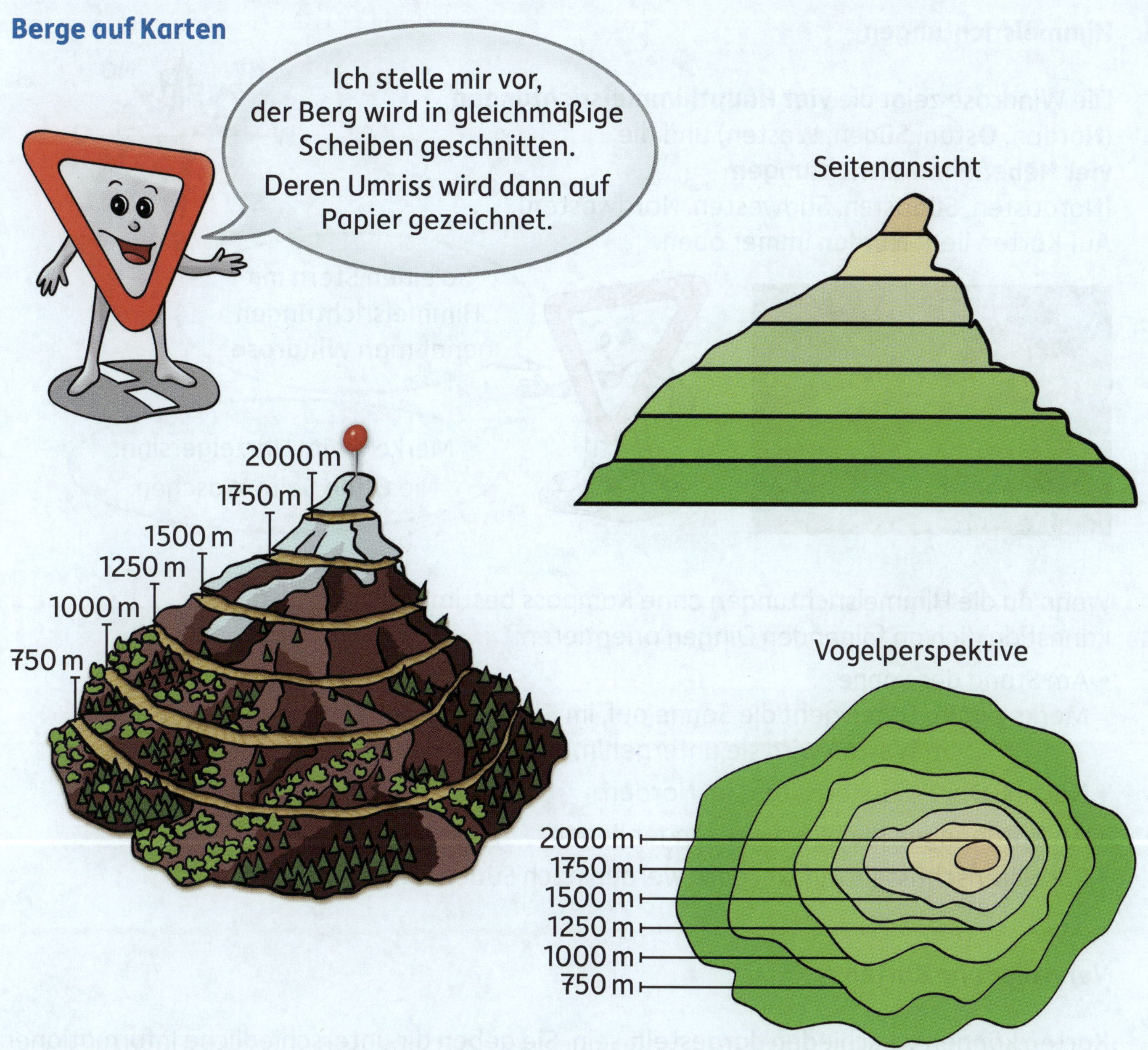

Berge werden auf Karten mit **Höhenlinien** und/oder **farbigen Höhenschichten** dargestellt.

Höhenlinien verbinden alle Punkte, die auf gleicher Höhe liegen. Die Zahlen auf den Höhenlinien geben die Höhe über dem Meeresspiegel (durchschnittliche Höhe der Meeresoberfläche) in Metern an.

Am Abstand der Höhenlinien kann man erkennen, wie steil oder flach das Gelände ist. Liegen sie **eng** beieinander, ist das Gelände eher **steil**; liegen sie **weiter auseinander**, ist es eher **flach**.

Die Fläche zwischen zwei Höhenlinien nennt man **Höhenschicht**. Die Höhenschichten sind immer gleich dick. Auf manchen Karten sind nicht die Höhenlinien, sondern nur die Höhenschichten farbig eingezeichnet. In der Legende kann man ablesen, welche Höhe die einzelnen Farben darstellen.

Himmelsrichtungen

N
NW NO
W O
SW SO
S

Die Windrose zeigt die **vier Haupthimmelsrichtungen** (**N**orden, **O**sten, **S**üden, **W**esten) und die **vier Nebenhimmelsrichtungen** (Nordosten, Südosten, Südwesten, Nordwesten).
Auf Karten liegt **Norden** immer oben.

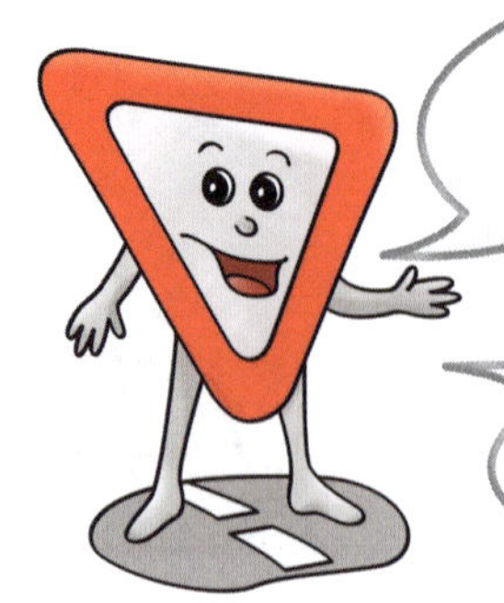

So einen Stern mit Himmelsrichtungen nennt man **Windrose**.

Merke dir im Uhrzeigersinn:
Nie **O**hne **S**eife **W**aschen.

Wenn du die Himmelsrichtungen ohne Kompass bestimmen möchtest, kannst du dich an folgenden Dingen orientieren:

- Am Stand der Sonne
  Merke dir: Im **Osten** geht die Sonne auf, im **Süden** nimmt sie ihren Lauf,
  im **Westen** wird sie untergeh'n, im **Norden** ist sie nie zu sehen.
- Nachts: Der Polarstern steht im Norden.
- An Nordhängen bleibt Schnee länger liegen.
- Satellitenschüsseln auf Dächern werden nach Süden ausgerichtet.

Verschiedene Karten

Karten können verschieden dargestellt sein. Sie geben dir unterschiedliche Informationen:

Topographische Karte	Thematische Karten	

bildet das Gelände Deutschlands möglichst genau ab; unterschiedliche Farben für verschiedene Höhen	z. B.: **Politische Karte**: zeigt die Bundesländer Deutschlands und deren Hauptstädte	z. B.: **Straßenkarte**: zeigt das Straßennetz Deutschlands

Test 1: Orientierung mit Karten

1 **Schreibe die Himmelsrichtungen (Abkürzungen) in die Kästchen.**

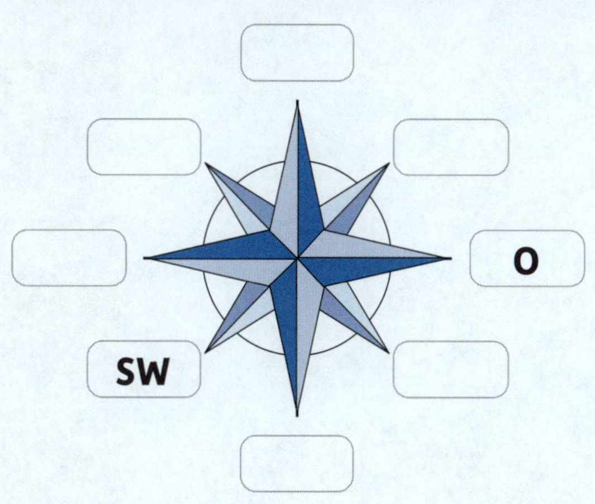

/5

2 **Auch ohne Kompass kann man die Himmelsrichtungen ermitteln. Nenne zwei Möglichkeiten und beschreibe sie genau.**

____

____

____ /2

3 **Es ist 12:00 Uhr. Du schaust in die Sonne. Nun streckst du deinen linken Arm zur Seite aus. In welche Himmelsrichtung zeigt er?**

____ /1

4 **Nenne drei allgemeine Informationen, die es in der Legende einer Karte gibt.**

____

____ /3

5 **Zeichne in die Karte eine Autobahn ein, die von Westen nach Osten verläuft. Südlich der Autobahn liegt ein Mischwald.**

/2

6 **Richtig oder falsch? Kreuze an.**

	richtig	falsch
Eine Landkarte zeigt die Erdoberfläche in vereinfachter Form aus der Vogelperspektive.	○	○
Die Himmelsrichtung Norden ist auf Karten immer oben.	○	○
Der Maßstab aller Karten ist 1:100 000.	○	○
Je größer die Maßstabszahl, desto stärker ist das abgebildete Gelände verkleinert.	○	○
Je größer die Maßstabszahl, desto besser kann man Einzelheiten auf der Karte erkennen.	○	○

☐ /2,5

7a **Betrachte die abgebildete Wanderkarte und miss die angegebenen Strecken. Wie lang sind sie in Wirklichkeit?**

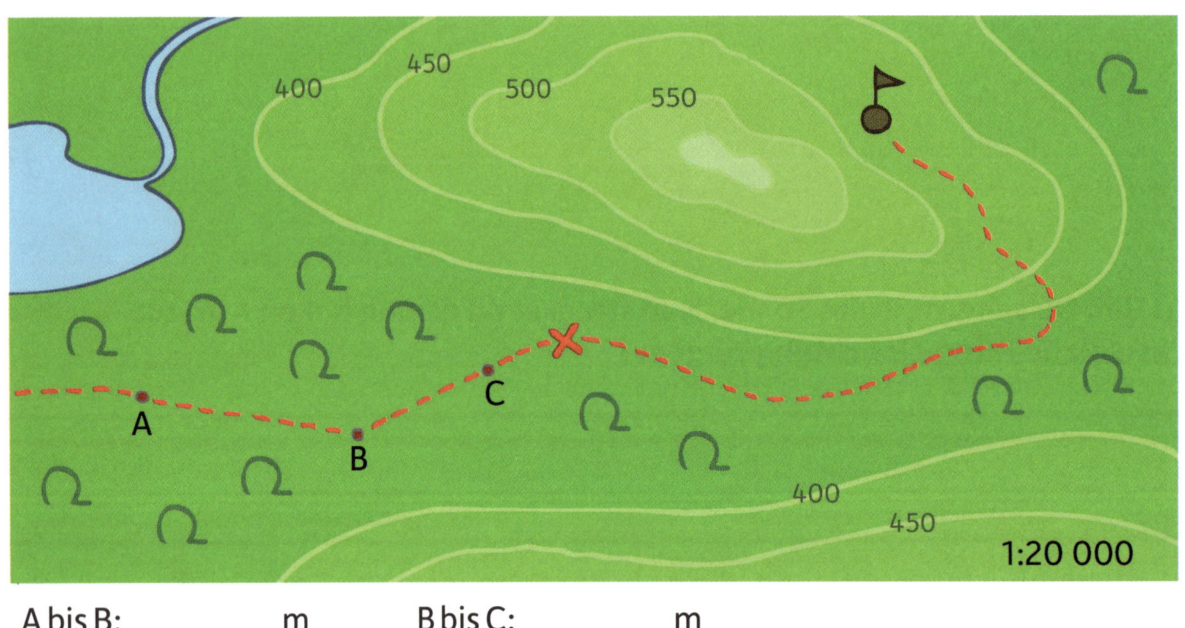

A bis B: ________ m B bis C: ________ m

☐ /2

7b **Familie Huber steht beim X. Warum kann sie die große Burg von dort aus nicht sehen, auch wenn keine Bäume die Sicht versperren?**

____

☐ /1

8 **Welcher Maßstab passt zu welcher Karte? Verbinde.**

Straßenkarte für Autofahrer	1:10 000
Stadtplan	1:50 000
Fahrradkarte	1:100 000

☐ /1,5

9 Fülle die Lücken richtig aus.

Höhenlinien verbinden alle Punkte, die auf ________________ Höhe liegen.

Sie geben die Höhe über dem ________________ an. An einem Steilhang liegen die Höhenlinien ________________ zusammen. Je weiter die Höhenlinien auseinanderliegen, desto ________________ ist das Gelände.

In manchen Karten werden Höhen nicht durch Höhenlinien, sondern durch farbige ________________ dargestellt.

/5

10 Zeichne die Form dieses Bergs in der Seitenansicht. Zeichne auch die Besonderheiten, die auf der Karte durch Kartenzeichen zu sehen sind, in die Seitenansicht ein. Male diese aber so, wie sie in Wirklichkeit aussehen.

Vogelperspektive	Seitenansicht

/3

11a Wie hoch ist der hier dargestellte Berg ungefähr? Der Abstand zwischen zwei Höhenlinien beträgt 50 m.

540

N

Der Berg ist ungefähr ________ m hoch.

/1

11b In welcher Himmelsrichtung befindet sich der Steilhang?

Der Steilhang befindet sich im ________________.

/1

12 **Herr Müller ist kein geübter Bergsteiger. Ihm geht schnell die Puste aus. Trotzdem möchte er heute eine kleine Wanderung zu einer Hütte unternehmen.**

1
2
2200
1500

a **Er steht an der Stelle, wo das Kreuz eingezeichnet ist. Auf welcher Höhe steht Herr Müller ungefähr?**

Er steht auf ungefähr ______ Meter Höhe. /1

b **Herr Müller überlegt, zu welcher der beiden Hütten er gehen soll (1 oder 2). Gib ihm einen Rat und begründe.**

______

______

______ /2

13 **Welche Karte passt? Kreuze an.**

Politische Karte	○	○
Topographische Karte	○	○
Damit kann ich die Hauptstädte der Länder Europas lernen.	○	○
Das Gelände wird möglichst genau abgebildet.	○	○
Ich kann Höhenunterschiede erkennen.	○	○
Gibt mir einen Überblick über Länder und Grenzen.	○	○

/3

Von 36 Punkten hast du ____ erreicht.

Test 2: Orientierung mit Karten

1 Was sagt dir die Maßstabsangabe auf einer Karte? Erkläre.

____

____ /2

2 Anna möchte eine Wanderung auf einem kleinen Wanderpfad unternehmen. Sie hat drei Karten zur Auswahl. Welche ist für ihren Ausflug am besten geeignet? Kreise ein und begründe deine Entscheidung.

Maßstab 1:20 000 Maßstab 1:100 000 Maßstab 1:250 000

Begründung: ____

____ /2

3 Vervollständige die Tabelle.

Maßstab	... auf der Karte	... bedeutet in der Wirklichkeit
1:25 000	1 cm	______ cm = ______ m
1:1	3 cm	______ cm
1:150 000	2 cm	______ cm = ______ m = ______ km
1:500 000	1 cm	______ cm = ______ m = ______ km
2:1	1 cm	______ cm

/5

4 In welcher Himmelsrichtung siehst du die Sonne ungefähr zu folgenden Zeiten?

13:00 ______________ 07:00 ______________ 18:30 ______________ /3

5 Wie heißen die vier Nebenhimmelsrichtungen?

____

____ /2

6 **Richtig oder falsch? Kreuze an.**

	richtig	falsch
Alle Punkte auf einer Höhenlinie liegen gleich hoch.	○	○
Je enger die Höhenlinien zusammen liegen, desto flacher ist das Gelände.	○	○
Die Zahlen an den Höhenlinien geben die Höhe über dem Meeresspiegel in Metern an.	○	○
Berge können auf der Karte auch durch farbige Höhenschichten dargestellt werden.	○	○

/2

7 **Was gehört zusammen? Verbinde.**

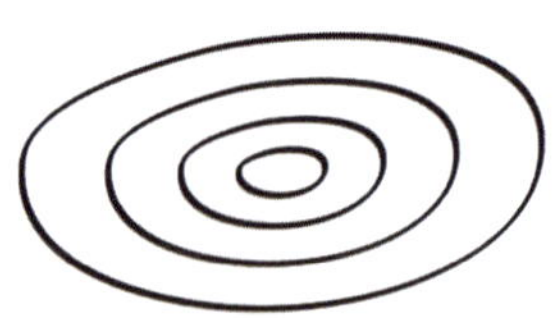

/2

8 **Wie könnten die Höhenlinien dieses 2090 m hohen Bergs aussehen? Zeichne sie ein und beschrifte jede mit einer Höhenangabe.**

Der Abstand von zwei Höhenlinien entspricht 100 m in der Wirklichkeit.

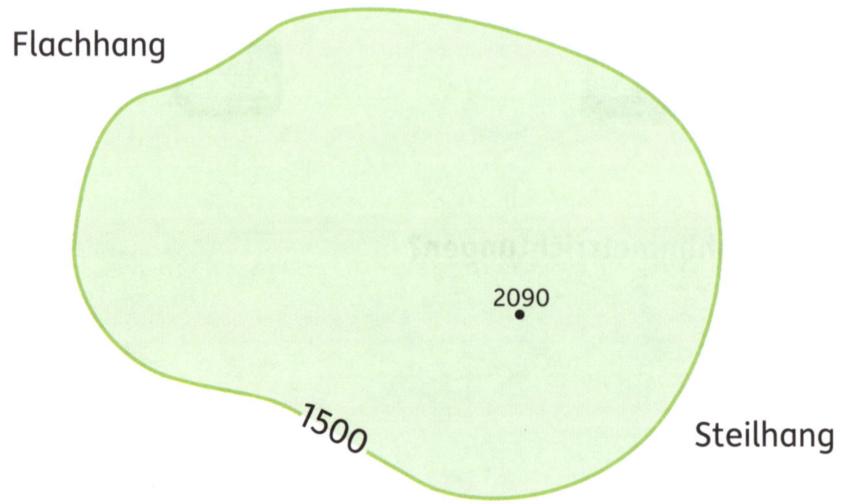

/3

9 **Bestimme die ungefähre Höhenlage folgender Dinge.**

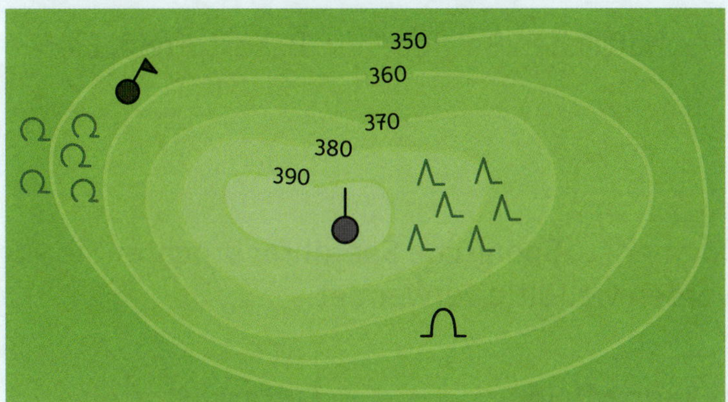

Die Ruine liegt etwa auf ____________ m.

Der Turm liegt etwa auf ____________ m.

Der Nadelwald liegt etwa auf ____________ bis ____________ m. □ /3

10 **Zeichne den Weg in die Karte ein.**

Der Weg beginnt an einer Kirche und zieht sich entlang der Bahnlinie bis zu einem einzelnen Nadelbaum. Dort verläuft er weiter Richtung Osten und führt in einem Laubwald über eine Brücke. Ohne Steigung geht es weiter bis zum Turm. Nun geht es leicht ansteigend in südöstlicher Richtung bis zu einer alten Eiche. Hier knickt der Weg nach Süden ab und führt steil bergauf bis zur Burg auf dem Gipfel.

□ /3

Von 27 Punkten hast du ____ erreicht.

Landwirtschaft – Woher unser Essen kommt

Vieles, was wir essen, stammt aus landwirtschaftlichen Betrieben, z. B. Kartoffeln, Eier und Milch.

Kartoffelanbau

Die Kartoffel stammt ursprünglich aus Südamerika. Spanische Seefahrer brachten sie vor ca. 500 Jahren nach Europa. Kartoffeln werden vielfältig verwendet:

Kartoffelpflanzen entwickeln sich aus einer **Mutterknolle**, die in die Erde gelegt wird. Aus der Mutterknolle wachsen Triebe Richtung Sonnenlicht. Daraus entsteht die **Kartoffelpflanze**, deren Blüten und Beeren man nicht essen kann. Unterirdisch wachsen aus der Mutterknolle Seitentriebe, an deren Enden sich **Verdickungen** bilden. Sie speichern Nährstoffe und wachsen zu Kartoffelknollen. Diese können geerntet werden, wenn die Pflanze vertrocknet ist.

Damit die Kartoffeln sich gut entwickeln, benötigen sie das ganze Jahr über viel Pflege. Im Frühjahr wird der Boden **vorbereitet und gepflügt**. Dann werden die **Saatkartoffeln** in die Erde gelegt und **kleine Dämme** aufgeschoben. Nun muss das Feld regelmäßig gehackt werden. Der Landwirt bekämpft **Unkraut und Kartoffelkäfer**. Achtung: Bei ökologischem Anbau dürfen Unkraut und Kartoffelkäfer nicht mit chemischen Mitteln bekämpft werden. Schließlich folgt die **Kartoffelernte**.

Schau im Internet,
ob du einen Film über den Anbau von
Kartoffeln findest.

Milchwirtschaft

Eine Milchkuh bringt in der Regel einmal im Jahr ein Kalb zur Welt. Milch gibt sie erst, wenn sie das erste Kalb geboren hat. Die Geburt regt die Milchproduktion im Kuheuter an.

In der Regel wird eine Kuh zweimal täglich gemolken. Die **Melkmaschine** ahmt die Saugbewegung des Kalbes nach. Sie wird an den Zitzen des Euters angesetzt. Die Milch wird über Rohrleitungen in einen **Tank gepumpt und dort abgekühlt**, damit sie frisch bleibt und Bakterien sich nicht vermehren.

Ein Milchtankwagen bringt die Milch zur **Molkerei**. Dort wird sie im Labor untersucht und zu verschiedenen **Milchprodukten** weiterverarbeitet.

Dazu sind verschiedene Prozesse nötig. Hier einige Beispiele:

- **Separieren**: Die Milch wird **getrennt** in Rahm und Magermilch. Dazu wird sie so lange im Kreis **geschleudert**, bis sich die Fettteilchen lösen. Das Gerät, in dem dies geschieht, heißt Zentrifuge.
- **Pasteurisieren**: Die Milch wird kurzzeitig **erhitzt** und danach blitzschnell **abgekühlt**. Durch diesen Vorgang wird die Milch **länger haltbar**.
  Der pasteurisierte Rahm wird zu Butter und Schlagsahne verarbeitet. Aus der pasteurisierten Magermilch entstehen verschiedene Milchsorten.
- Zur Herstellung von Käse und Quark ist die **Beigabe von Lab** erforderlich. Lab wird aus Kälbermägen gewonnen und sorgt dafür, dass die Milch verdickt.
- Soll Joghurt hergestellt werden, müssen der Milch bestimmte **Bakterien zugesetzt** werden.

Milch besteht zum größten Teil aus Wasser (circa 87 %). Außerdem enthält sie in kleinen Anteilen Milchzucker, Fett, Milcheiweiß, Vitamine, Spurenelemente und Mineralstoffe:

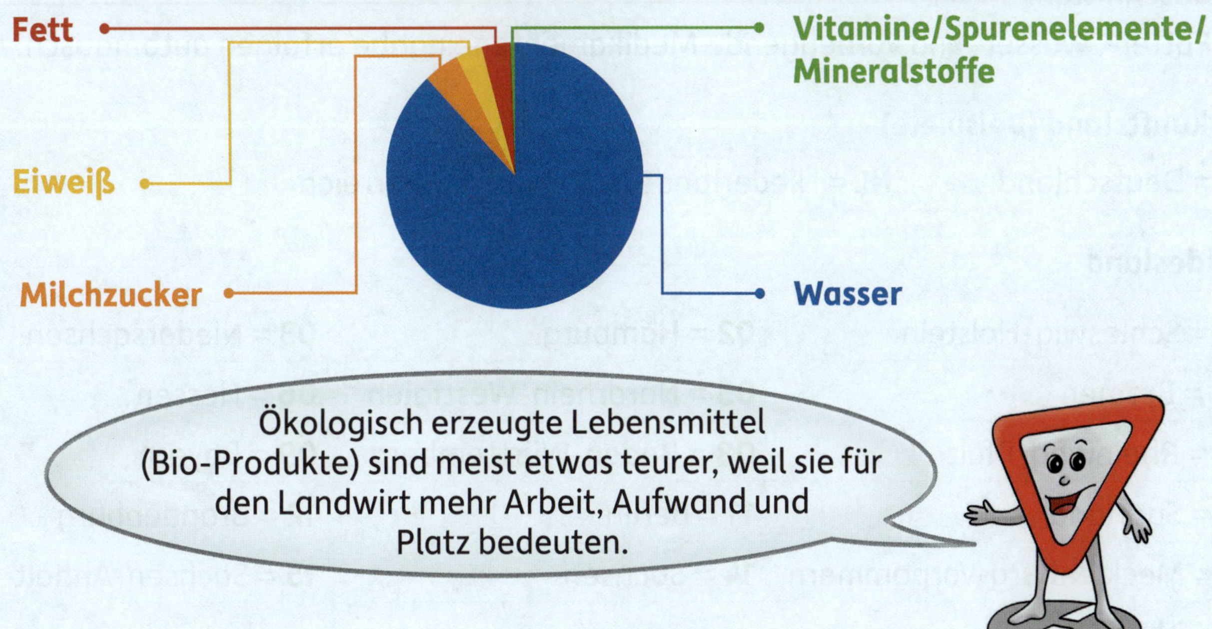

Produktion von Hühnereiern

Haltungsformen:

0 = Ökologische Erzeugung

- Hühner haben einen Stall und Auslauf ins Freie. Gehege und Stall sind so gestaltet, dass die Tiere ihren natürlichen Verhaltensweisen nachgehen können (scharren, picken, im Sand baden).
- Es darf nur eine bestimmte Anzahl an Tieren gehalten werden, sodass jedes einzelne Tier genug Platz hat.
- Futter aus biologischem Anbau

1 = Freilandhaltung

- Stall und Auslauf sind ähnlich wie in der ökologischen Erzeugung
- Futter darf beim Großhändler eingekauft werden.

2 = Bodenhaltung

- Hühner leben im geschlossenen Stall ohne Auslaufmöglichkeit ins Freie.
- Meist werden eine große Anzahl an Tieren gemeinsam gehalten.
- Krankheiten verbreiten sich leicht: Die Tiere bekommen oft vorbeugend Medikamente.
- Futter- und Wassereingabe erfolgen automatisch.

3 = Kleingruppenhaltung

- 20-60 Hühner werden in einem Käfig gehalten. Sie haben sehr wenig Platz, weshalb es oft Verletzungen gibt. Vorbeugend gegen Verletzungen werden die Schnäbel beschnitten.
- Futter-, Wasser- und vorbeugende Medikamenteneingabe erfolgen automatisch.

Herkunftsland (Beispiele)

DE = Deutschland **NL** = Niederlande **AT** = Österreich

Bundesland

01 = Schleswig-Holstein	**02** = Hamburg	**03** = Niedersachsen
04 = Bremen	**05** = Nordrhein-Westfalen	**06** = Hessen
07 = Rheinland-Pfalz	**08** = Baden-Württemberg	**09** = Bayern
10 = Saarland	**11** = Berlin	**12** = Brandenburg
13 = Mecklenburg-Vorpommern	**14** = Sachsen	**15** = Sachsen-Anhalt
16 = Thüringen		

Test: Landwirtschaft – Woher unser Essen kommt

1a Beschrifte den Zahlencode dieses Hühnereies mit den allgemeinen Begriffen.

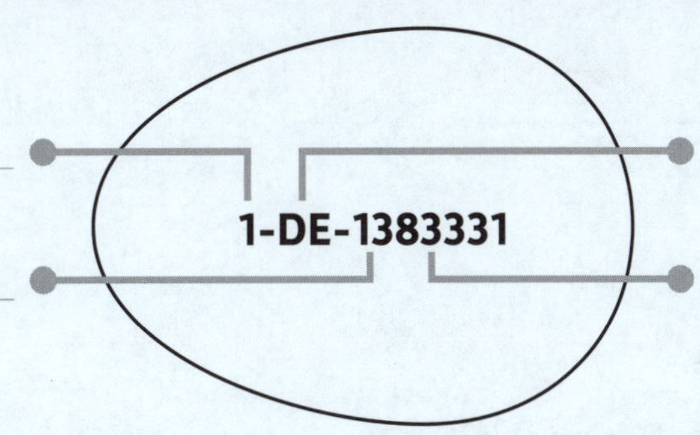

/2

b Mira kauft im Supermarkt Eier aus Bodenhaltung in Bayern, aus dem Betrieb mit der Nummer 23821. Wie sieht der Stempel auf diesen Eiern aus?

___ - ___ - __________

/1

2a Aus welcher Haltungsform stammen diese Eier? Verbinde richtig.

/1,5

2b Welcher der abgebildeten Eierkartons ist wahrscheinlich am teuersten? Begründe.

/2

3 Nenne drei Merkmale der ökologischen Hühnerhaltung.

/3

4 **Wie kannst du beim Einkaufen von Hühnereiern oder Kuhmilch etwas für den Tierschutz tun? Erkläre mit deinem Fachwissen.**

____

____

____ /2

5 **Beschrifte die Kartoffelpflanze.**

______________ ______________

______________ ______________ /2

6 **Rund um die Kartoffel. Fülle die Lücken.**

Die Kartoffel stammt ursprünglich aus ______________. Aus einer Mutterknolle wächst die Kartoffelpflanze. Ihre Blüten, Blätter und ______________ sind nicht essbar. An den unterirdischen Ausläufern entstehen durch Verdickung junge Kartoffelknollen, in denen ______________ gespeichert werden. Die Knollen können geerntet werden, wenn die Kartoffelpflanze ______________ ist. Der größte Schädling der Kartoffelpflanze ist der ______________. /5

7 **Nenne 3 Produkte, die aus Speisekartoffeln hergestellt werden.**

____

____ /3

8 **Kartoffeln werden vielfältig verwendet. Aus welchen Kartoffeln wird Verpackungsmaterial hergestellt?**

____ /1

9 **In welcher Reihenfolge müssen folgende Arbeiten auf dem Kartoffelfeld erledigt werden? Nummeriere.**

◯ Unkraut- und Schädlingsbekämpfung

◯ Kartoffelernte

◯ Bodenvorbereitung, Feld pflügen

◯ Auslegen der Saatkartoffeln, Dämme anhäufeln

/2

10a **Was bedeuten folgende Prozesse bei der Verarbeitung von Milch? Verbinde richtig.**

Separieren	Die Milch wird haltbar gemacht.
Pasteurisieren	Käse oder Quark werden hergestellt.
Beigabe von Lab	Milch und Rahm werden getrennt.

/1,5

10b **Erkläre genau, was beim Pasteurisieren passiert.**

____

____

____

/2

11 **Ab wann kann eine Kuh Milch geben?**

____

/1

12 **Nenne drei Bestandteile der Milch.**

____

/3

Von 32 Punkten hast du ____ erreicht.

Gemeinde

Eine **Gemeinde** (man sagt auch Kommune) besteht aus Menschen, die an einem Ort **zusammenwohnen**. Eine Gemeinde kann ein **Dorf** oder eine **Stadt** sein. Manchmal gehören mehrere Ortsteile zur Gemeinde. Man unterscheidet **Einwohner** und **Bürger** der Gemeinde. Sie hat eine eigene Regierung, das ist der Stadt- oder Gemeinderat.

Einwohner sind alle Menschen, die in der **Gemeinde wohnen**.

Bürger sind Einwohner, die in der Gemeinde **wählen dürfen**, man sagt auch „politisch mitwirken". Dazu gibt es in den Bundesländern unterschiedliche Regelungen, beachte S. 40.

Aufgaben der Gemeinde

Um die **Aufgaben** der Gemeinde kümmern sich der **Bürgermeister und seine Mitarbeiter**.

	Sie kümmern sich um Ausstattung und Mitarbeiterinnen und Mitarbeiter der **Feuerwehr**.
	Sie sorgen dafür, dass **Schulen und Kindergärten** gebaut und ausgestattet werden.
	Sie organisieren die **Strom- und Wasserversorgung**.
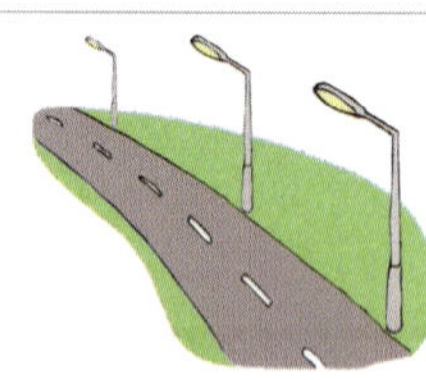	Sie sorgen dafür, dass **Straßen gebaut** und **instandgehalten** werden und **richtig beleuchtet** sind.
	Sie kümmern sich darum, dass **Freizeiteinrichtungen** und **Spielplätze** gebaut und gepflegt werden.
	Sie organisieren die **Müllabfuhr**.

Die Umsetzung dieser Aufgaben ermöglicht ein gut strukturiertes (Zusammen-)Leben in einer Gemeinde. Die Organisation wäre für den **einzelnen Einwohner zu teuer** und **zu aufwändig**.

404

Tests im Sachunterricht

Lernzielkontrollen 4. Klasse

Lösungen

Dieser Lösungsteil ist herausnehmbar!
Klammern in der Mitte des Heftes öffnen!

Test 1: Wasser

1

	richtig	falsch
Etwa 70 Prozent der Erdoberfläche ist von Wasser bedeckt.	☒	○
Alle Menschen auf der Welt haben gleich viel sauberes Trinkwasser.	○	☒
Unser Körper besteht überwiegend aus Wasser.	☒	○
Über 90 Prozent des Wassers auf der Erde ist Süßwasser.	○	☒

2a **fest** **2b** **flüssig** **gasförmig** **2c** **Aggregatzustände**

3 Damit Wasser in einen anderen Zustand übergeht, muss ich die **Temperatur verändern**. Das heißt, ich muss es **erwärmen oder abkühlen**.

4

Ein Schneemann wird kleiner.	**schmelzen**
Ein frisch gewischter Boden trocknet.	**verdunsten**
Ein Spiegel beschlägt beim Duschen.	**kondensieren**
Eine Eisfläche bildet sich auf dem See.	**gefrieren**

5

	richtig	falsch
Der Siedepunkt von Wasser liegt bei 100 °C.	☒	○
In gefrorenem Zustand sind die Wasserteilchen kaum miteinander verbunden.	○	☒
In gasförmigem Zustand lösen sich die Wasserteilchen voneinander ...	☒	○
Damit Wasserdampf kondensiert, muss die Temperatur erhöht werden.	○	☒

6 A 3 B 1 C 2 vollständig richtig = 1P

7 Das Wasser wurde auf der Herdplatte so lange erwärmt, bis es den Siedepunkt erreicht hat. Bei 100 Grad Celsius siedet Wasser und verdampft, das heißt, es geht **vom flüssigen in den gasförmigen Zustand** über. Lässt man den Topf eine Zeit lang auf der heißen Herdplatte stehen, **verdampft das Wasser** und im Topf ist **weniger Wasser**.

vollständige Erklärung = 2P, Teil der Erklärung = 1P

8 In der körperwarmen **Atemluft sind winzig kleine Wasserteilchen**. Im Winter ist die Luft draußen sehr viel kälter als die Atemluft. Beim Ausatmen **verdichten** sich (= kondensieren) die Wasserteilchen aus der Atemluft zu winzigen Tröpfchen und werden so **sichtbar**.

vollständige Erklärung = 2P, Teil der Erklärung = 1P

9

verdunsten	verdampfen
Temperatur niedriger **unsichtbar** **langsamer**	**Temperatur hoch** **sichtbar (Wasserdampf)** **schneller**

Du brauchst nur zwei Unterschiede nennen. Jedes Paar = jeweils 1P

0 5 An manchen Stellen tritt Grundwasser an die Erdoberfläche. Die Austrittsstelle des Grundwassers nennt man **Quelle**.

4 Der Regen versickert durch die **wasserdurchlässigen** Erdschichten. Er staut sich an den wasserundurchlässigen Schichten als **Grundwasser**.

1 Aus Bächen, Seen und Meeren steigen unsichtbare Wasserteilchen auf. Der Fachbegriff dafür heißt **verdunsten**.

3 Die Wasserteilchen rücken in der Wolke immer dichter zusammen. Wenn sie zu schwer werden, können sie sich nicht mehr halten. Es regnet.

2 Die Wasserteilchen treffen auf kühlere Luftschichten, sie kühlen ab und verdichten sich zu Wolken. Der Fachbegriff heißt **kondensieren**.

je richtig ausgefüllter Lücke = 1P, je richtiger Nummerierung = 1/2P

1 wasserdurchlässige Schicht: **Humus, Sand, Kies**
wasserundurchlässige Schicht: **Fels, Lehm, Ton, Stein** je 2 Antworten = jeweils 1P

a **Schnee, Hagel, Nebel, Tau, Raureif** drei der Niederschläge = jeweils 1P

b Vergleiche deine Lösung mit der Tabelle auf **Seite 5**.
Lösung vollständig richtig = 2P, Lösung teilweise richtig = 1P

3 Eray **könnte recht haben**, denn **im natürlichen Wasserkreislauf geht kein Tropfen Wasser jemals verloren**. Das Wasser befindet sich in einem **ständigen Kreislauf** aus Verdunstung (aus dem Meer, wo Wale leben), Verdichtung und Niederschlägen an verschiedenen Stellen der Erde. So kann das Wasser in der Badewanne tatsächlich auch schon im Meer gewesen sein.

vollständige Erklärung = 2P, Teil der Erklärung = 1P

4 Wenn Anna direkt Wasser in das gegrabene Loch laufen lässt, wird es in der Erde **versickern**, denn **Erde ist wasserdurchlässig**. Damit das Wasser im Teich bleibt, ist **eine wasserundurchlässige Schicht nötig**, zum Beispiel eine Teichfolie.

vollständige Erklärung = 2P, Teil der Erklärung = 1P

Punkte	40-38	37,5-32	31,5-26	25,5-20	19,5-12	11,5-0
Note	1	2	3	4	5	6

Test 2: Wasser

a
- A **verdunstet.**
- B **kondensiert./verdichtet sich zu Wolken.**
- C **kommt als Niederschlag zur Erde./regnet sich ab.**
- D **versickert.**

1c

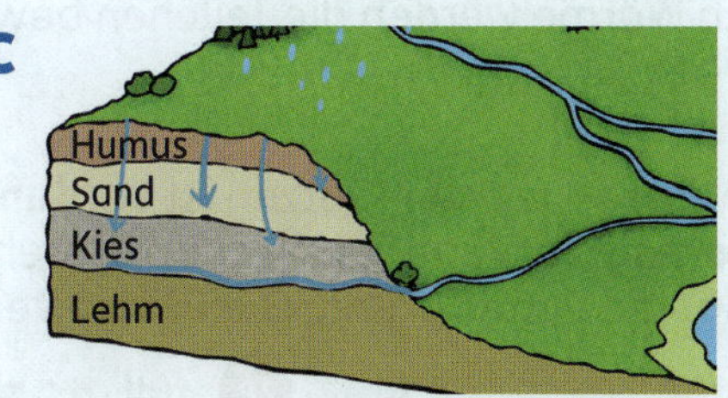

b Die Sonne erwärmt das Wasser in Meeren, Seen, Flüssen und auf feuchten Flächen.
Es **verdunstet** und steigt **unsichtbar** auf. 1P
In höheren Luftschichten ist es kälter als direkt über der Erdoberfläche. Der unsichtbare Wasserdampf **kondensiert** und verdichtet sich zu Wassertröpfchen. Diese bilden Wolken. 1P

1d Wasser aus Niederschlägen versickert solange im Boden, bis es auf eine **wasserundurchlässige Schicht** trifft. Hier bildet sich **Grundwasser**. 1P

Reicht die undurchlässige Schicht bis an die Erdoberfläche und ist dort **unterbrochen**, entsteht eine **Quelle**, aus der das Grundwasser hervorsprudelt. 1P

2

	Niederschlagsart
In kalten Luftschichten verdichtet sich unsichtbarer Wasserdampf …	**Regen**
Wasserteilchen gelangen in sehr kalte Luftschichten, gefrieren und …	**Schnee**
Die Luft kühlt in der Nacht unter den Gefrierpunkt ab. …	**Raureif**

3 flüssig: **See, Bach, Fluss, Regen …**
fest: **Gletscher, gefrorener See im Winter, Eiszapfen, Hagel …** je eine Antwort = jeweils 1P

4

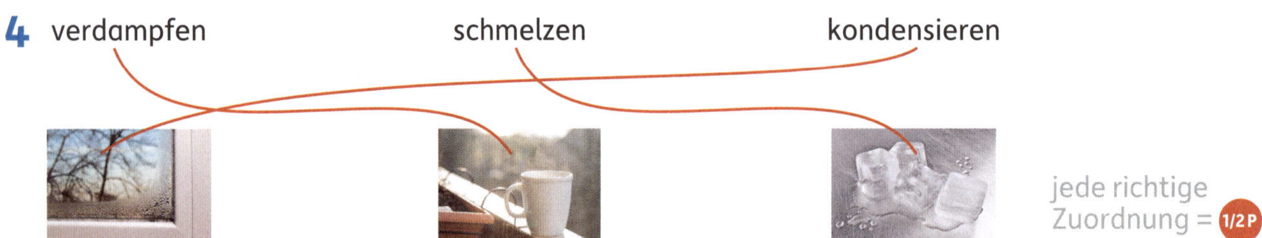

jede richtige Zuordnung = 1/2 P

5 Geht Wasser vom flüssigen in den **gasförmigen** Zustand über, so verdunstet es.
Geht Wasser vom gasförmigen in den flüssigen Zustand über, so **kondensiert** es.
Geht Wasser vom flüssigen in den festen Zustand über, so **gefriert** es.

6 Durch die Zeit an der kalten Winterluft hat sich die Brille abgekühlt. Die Luft im Zimmer dagegen ist warm. Wenn Aysu das Zimmer betritt, **kondensieren die winzigen Wasserteilchen aus der warmen Zimmerluft an der kalten Brille**. Sie **verdichten** sich zu kleinen **Wassertröpfchen** und die Brille beschlägt.

vollständige Erklärung = 2P, Teil der Erklärung = 1P

7

	richtig	falsch
In festem Zustand sind die Teilchen kaum miteinander verbunden.	○	☒
Wenn die Teilchen locker miteinander verbunden sind, ist Wasser flüssig.	☒	○
Dieses Teilchenmodell zeigt Wasser in festem Zustand.	○	☒
Nur in gefrorenem Zustand hat Wasser eine feste Form, weil die Teilchen …	☒	○
Durch Wärme werden die Teilchen beweglicher.	☒	○

8 Das Wasser aus den Pfützen ist **verdunstet**. Es hat seine Zustandsform geändert und ist nun **gasförmig**. Je wärmer es ist und je mehr Luft an die Wasseroberfläche kommt, desto schneller erfolgt die Verdunstung: Die **Pfütze verschwindet**.

vollständige Erklärung = 2P, Teil der Erklärung = 1P

9a Beispiele: Menschen nutzen Wasser als **Trinkwasser**, zum **Kochen**, zur **Körperpflege**, als **Energiequelle** (Wasserkraftwerk) und als **Transportweg** (Schifffahrt).

zwei Beispiele = jeweils 1P

b ~~Etwa 50% des Wassers auf der Erde ist Süßwasser und damit als Trinkwasser geeignet.~~
☒ Menschen können ohne Süßwasser nicht leben.
☒ In vielen Gegenden auf der Erde gibt es nicht genügend sauberes Trinkwasser.
~~Alle Tiere brauchen zum Überleben Süßwasser.~~

jedes Kreuz und jede gestrichene Zeile = jeweils 1/2 P

c Auf diese Frage gibt es viele richtige Antworten. Hier ein paar Beispiele:
- Ich gieße den Garten mit Regenwasser.
- Ich dusche statt zu baden. Dabei wird weniger Wasser verbraucht.
- Beim Händewaschen und Zähneputzen stelle ich den Wasserhahn ab, wenn ich das Wasser gerade nicht brauche.
- Ich benutze die Wasserspartaste der Toilette. zwei Beispiele = jeweils 

0 Die Erde nennt man auch den „Blauen Planeten", weil **sie zu etwa 70 % mit Wasser bedeckt ist und so aus dem Weltall blau aussieht.**

Punkte	**32-30**	**29,5-25,5**	**25-20,5**	**20-16**	**15,5-9,5**	**9-0**
Note	**1**	**2**	**3**	**4**	**5**	**6**

Test: Lebensraum Gewässer

1 stehend: **Tümpel, See, Weiher, Teich** fließend: **Fluss, Bach, Kanal** je 2 Beispiele = jeweils 

2 

1 Hecht (unter der Wasseroberfläche)
2 Teichmuschel (am Teichboden)
3 Blässhuhn (auf dem Wasser)
4 Hornblatt (am Teichboden)
5 Rohrkolben (am Teichrand/Uferbereich)
6 Seerose (auf der Wasseroberfläche)

jede Ziffer = 1/2 P

a
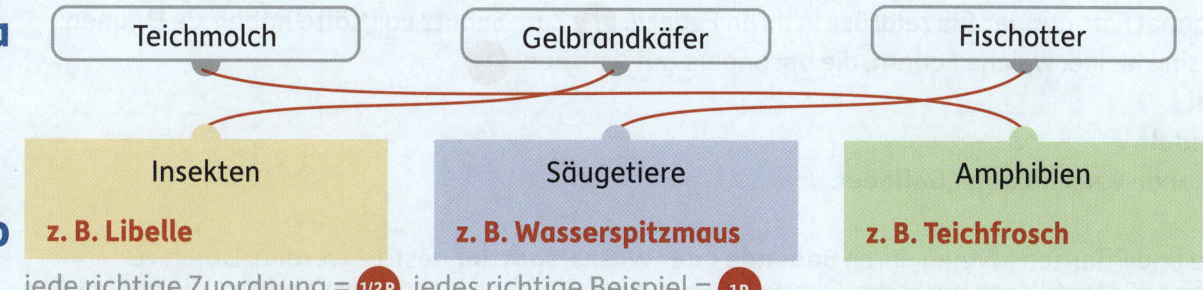

b

jede richtige Zuordnung = 1/2 P, jedes richtige Beispiel = 1 P

c **Insekten** haben sechs Beine und zwei oder vier Flügel. Fast alle Insekten legen Eier.
Säugetiere haben meist ein Fell. Sie bringen ihre Jungen lebend zu Welt und säugen sie.
Amphibien leben im Wasser und an Land. Sie haben eine glatte, feuchte Haut. Sie legen Eier im Wasser und atmen über Lunge und Haut, Larven über Kiemen.

zwei Merkmale = jeweils 1 P

4 **Grünalge** → **Wasserfloh** → **Stichling** → **Reiher**
Kaulquappe → **Gelbrandkäfer** → **Frosch** → **Hecht**

je Pflanze/Tier an der richtigen Stelle = 1/2 P. Die Antworten sind Beispiele!

5 Auch die **winzigen Fische in Gewässern sind nötig**. Sie dienen größeren Tieren **als Nahrung**. Würde es diese kleinen Tiere nicht geben, wäre die **Nahrungskette unterbrochen** und andere Tiere hätten keine Nahrung mehr. Wenn ein Glied in der Nahrungskette fehlt, gerät das **Ökosystem aus dem Gleichgewicht**.

vollständige Erklärung = 2 P, Erklärung teilweise richtig = 1 P

6 Wenn ein Glied in der Nahrungskette fehlt, **dann bedroht dies auch andere Glieder in der Kette.**

7

Name	**Seerose**	**Wasserlinse**	**Rohrkolben**
Gruppe	**Schwimmblattpflanze**	**Schwimmpflanze**	**Sumpfpflanze**

8 Beispiele für Tauchpflanzen sind **Wasserpest** oder **Hornblatt**. Tauchpflanzen leben ganz unter Wasser. Ihre **Blätter** sind **schmal und kurz**, denn **große Blätter** würden im Wasser **zerreißen** oder die Pflanze aus dem **Boden lösen**. ein Beispiel = 1 P, ein Merkmal = 1 P

9a ~~Metaphysik~~ Metamorphose ~~Mikroskop~~ Kreis oder Durchstreichen = jeweils 1/2 P

9b 9c

3	Nach einiger Zeit entwickeln sich zuerst die Hinterbeine der Kaulquappe.
5	Die Entwicklung dauert etwa 2 bis 3 Monate und ist abgeschlossen, wenn der Schwanz vollständig zurückgebildet ist.
1	Das Weibchen des Grasfroschs legt ca. 1000 bis 2500 Eier in einem Laichklumpen ab.
4	Die Vorderbeine entwickeln sich und der Schwanz bildet sich zurück.
2	Aus den Eiern entwickeln sich Kaulquappen mit einem langen Schwanz.

richtige Nummer= 1/2 P, jede richtige Erklärung = 1 P

10a Stockenten schützen sich vor **Nässe**, indem sie ihre **Federn einfetten**. Sie verteilen mit dem Schnabel Fett aus der **Bürzeldrüse** in ihren Federn. 1 P Zum Schutz vor **Kälte** haben sie **Daunen**. Das sind kleine, weiche Federn, die besonders gut wärmen. 1 P

10b **Erpel**

10c **Gründeln**

10d Sie haben **verschiedene Gefieder**.

11 Tiere und Pflanzen können durch **Badende oder Wassersportler** gestört werden. Durch zu häufiges **Entenfüttern** gerät das Ökosystem aus dem Gleichgewicht. **Uferbereiche**, die **betoniert** werden, bieten weniger natürlichen Lebensraum für Tiere und Pflanzen. Durch **Müll**, **Düngemittel** oder andere **Schadstoffe** wird das Wasser in den Gewässern verschmutzt.

zwei Gefahren = jeweils 1 P

Punkte	35-33	32,5-28	27,5-22,5	22-17,5	17-10,5	10-0
Note	1	2	3	4	5	6

Test 1: Orientierung mit Karten

1

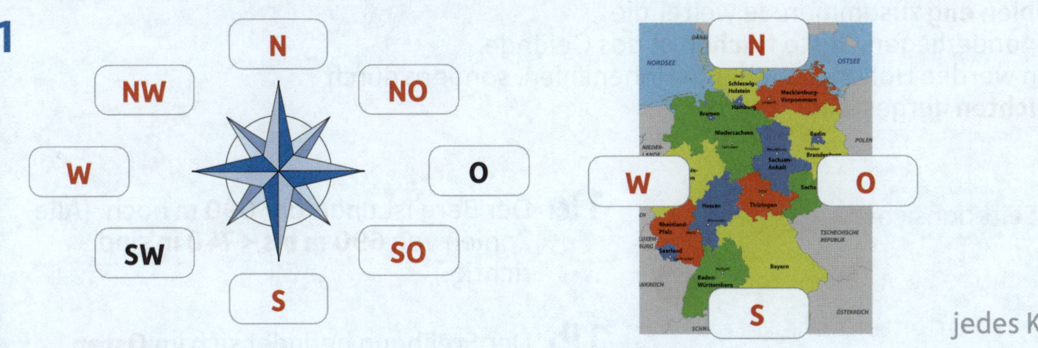

jedes Kästchen = 1/2 P

2 Ich kann nach dem **Stand der Sonne** schauen. Sie geht im Osten auf, steht mittags im Süden und geht im Westen unter.
Am Nachthimmel kann ich den **Polarstern** suchen. Er steht im **Norden**.
In den Bergen schaue ich, wo Schnee liegt. Er bleibt an **Nordhängen**, also Hängen, die nach Norden ausgerichtet sind, länger liegen, weil diese nur wenig von der Sonne bestrahlt werden.
Satellitenschüsseln auf Dächern werden nach **Süden** ausgerichtet.
zwei Möglichkeiten = jeweils 1P

3 Der Arm zeigt nach **Osten**.

4 Die Legende gibt mir Informationen, die ich zum Lesen einer Karte brauche. Sie enthält die **Maßstabsangabe** 1P, die Erklärung der **Kartenzeichen** 1P und Informationen zu den Farben der **Höhenschichten** 1P.

5

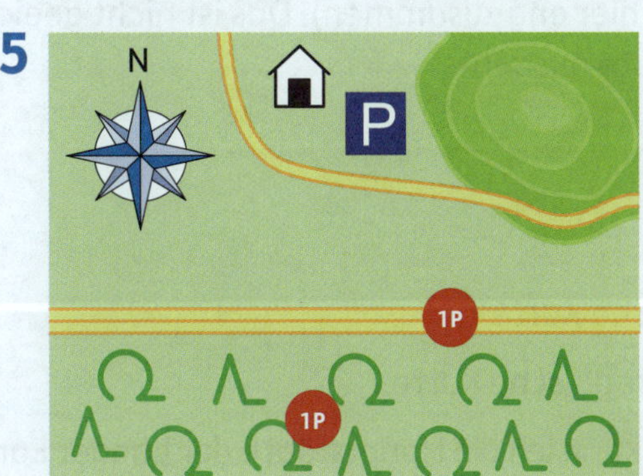

6

	richtig	falsch
Eine Landkarte zeigt die Erdoberfläche in vereinfachter Form ...	☒	○
Die Himmelsrichtung Norden ist auf Karten immer oben.	☒	○
Der Maßstab aller Karten ist 1:100 000.	○	☒
Je größer die Maßstabszahl, desto stärker ist das ...	☒	○
Je größer die Maßstabszahl, desto besser kann man Einzelheiten ...	○	☒

7a A bis B: **600** m B bis C: **400** m

7b Familie Huber kann die Burg nicht sehen, weil zwischen ihrem Standort und der Burg **ein Berg** liegt. Das erkennst du an den eingezeichneten Höhenlinien.

8

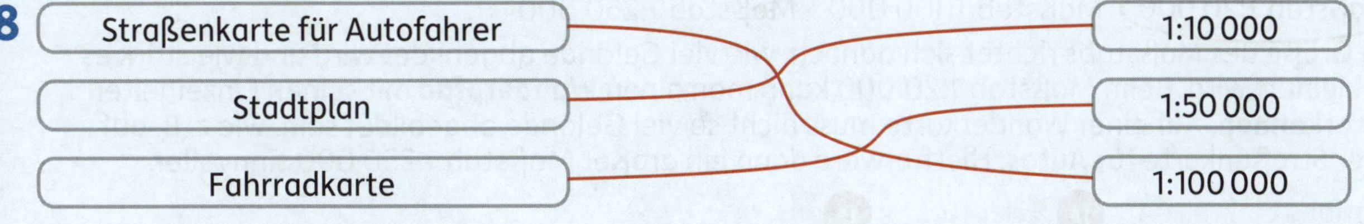

9 Höhenlinien verbinden alle Punkte, die auf **gleicher/einer** Höhe liegen. Sie geben die Höhe über dem **Meeresspiegel** an. An einem Steilhang liegen die Höhenlinien **eng** zusammen. Je weiter die Höhenlinien auseinanderliegen, desto **flacher** ist das Gelände. In manchen Karten werden Höhen nicht durch Höhenlinien, sondern durch farbige **Höhenschichten** dargestellt.

10

11a Der Berg ist ungefähr **690** m hoch. (Alle Zahlen von **690 m bis < 740 m** sind richtig.)

11b Der Steilhang befindet sich im **Osten**.

12a Er steht auf ungefähr **1650** Meter Höhe. (zwischen den Höhenlinien 1600 m und 1700 m)

12b Herr Müller sollte zur **Hütte 2** 1P gehen. An den Höhenlinien kann man erkennen, dass der Weg dorthin fast immer auf gleicher Höhe verläuft und Herr Müller **keine Steigungen** bewältigen muss 1P. Der Weg zu Hütte 1 ist zwar kürzer, er führt aber durch steiles Gelände (die Höhenlinien liegen hier eng zusammen). Das ist nicht geeignet für einen ungeübten Bergsteiger, dem schnell die Puste ausgeht.

13

Politische Karte	○	☒
Topographische Karte	☒	○
Damit kann ich die Hauptstädte der Länder Europas lernen.	○	☒
Das Gelände wird möglichst genau abgebildet.	☒	○
Ich kann Höhenunterschiede erkennen.	☒	○
Gibt mir einen Überblick über Länder und Grenzen.	○	☒

Punkte	**36-34**	**33,5-29**	**28,5-23**	**22,5-18**	**17,5-10,5**	**10-0**
Note	**1**	**2**	**3**	**4**	**5**	**6**

Test 2: Orientierung mit Karten

1 Der Maßstab gibt an, **wie stark das Gelände** auf einer Karte **verkleinert** ist. Ich kann ablesen, wie viele **Zentimeter in der Wirklichkeit** einem **Zentimeter auf der Karte** entsprechen. So kann ich mit Hilfe des Maßstabs Entfernungen berechnen.

vollständige Erklärung = 2P, Teil der Erklärung = 1P

2 (Maßstab 1:20 000) Maßstab 1:100 000 Maßstab 1:250 000

Die Größe des Maßstabs richtet sich danach, wie viel Gelände abgebildet wird und wie stark es verkleinert wird. Beim Maßstab 1:20 000 kann man einen **Wanderpfad** mit seinen Einzelheiten **gut erkennen**. Auf einer Wanderkarte muss nicht so viel Gelände abgebildet sein, wie z. B. auf einer Straßenkarte für Autos. Hierfür wäre dann ein großer Maßstab 1:250 000 sinnvoller.

richtiges Einkreisen = 1P, Erklärung = 1P

3

Maßstab	... auf der Karte	... bedeutet in der Wirklichkeit
1:25000	1 cm	**25000** cm = **250** m
1:1	3 cm	**3** cm
1:150000	2 cm	**300000** cm = **3000** m = **3** km
1:500000	1 cm	**500000** cm = **5000** m = **5** km
2:1	1 cm	**0,5** cm

4 

Süden 

Osten 

Westen

5 **Nordosten, Nordwesten, Südosten, Südwesten**

6

	richtig	falsch
Alle Punkte auf einer Höhenlinie liegen gleich hoch.	☒	○
Je enger die Höhenlinien zusammen liegen, desto flacher ist das Gelände.	○	☒
Die Zahlen an den Höhenlinien geben die Höhe über dem Meeresspiegel ...	☒	○
Berge können auf der Karte auch durch farbige Höhenschichten ...	☒	○

7

8 **Flachhang**

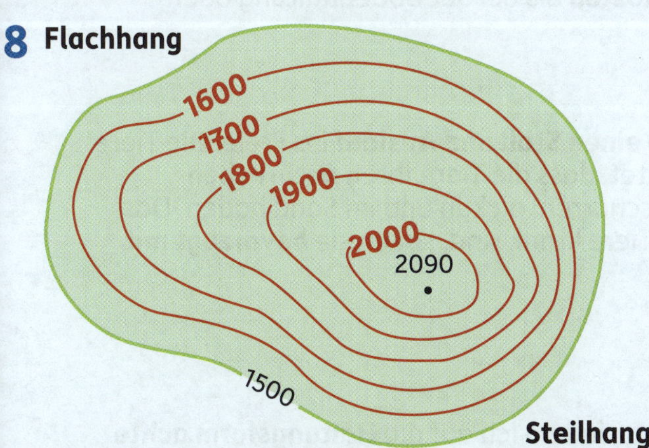

Steilhang

richtig eingezeichnete Höhenlinien = 2P
richtige Beschriftung = 1P

9 Die Ruine liegt etwa auf **355** m.
Der Turm liegt etwa auf **395** m.
Der Nadelwald liegt etwa auf **370** bis **390** m. jede Zeile = 1P

Da es sich um ungefähre Angaben handelt, können auch Höhen, die leicht von diesen Zahlen abweichen, als richtig gewertet werden.

10

ganzer Weg stimmt = 3P
größte Teil richtig = 2P
ein Teil richtig = 1P

Punkte	27-25,5	25-21,5	21-17,5	17-13,5	13-8	7,5-0
Note	1	2	3	4	5	6

Test: Landwirtschaft – Woher unser Essen kommt

1a

1b 2-DE-0923821

2a

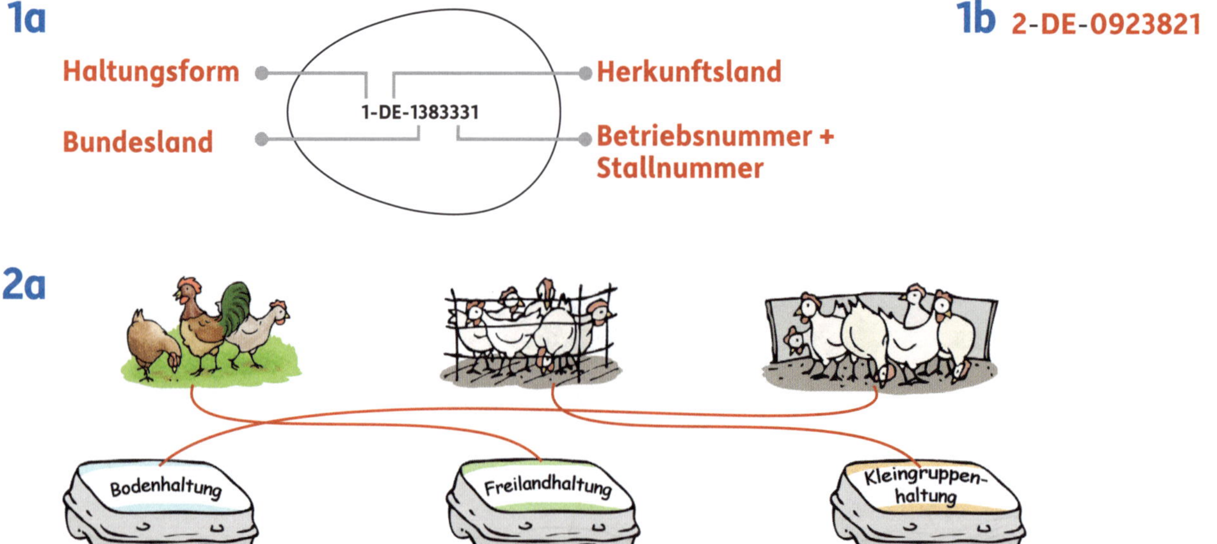

2b Die Eier aus **Freilandhaltung** sind wahrscheinlich am teuersten. 1P Um sie zu erzeugen, braucht der Landwirt **mehr Platz** und hat **mehr Arbeit und Kosten** als bei der Bodenhaltung oder Kleingruppenhaltung. 1P

3 In der ökologischen Hühnerhaltung haben die Tiere **einen Stall und Auslauf** ins Freie. Die Tiere haben **genug Platz**. Gehege und Stall sind so gestaltet, dass die Tiere ihren **natürlichen Verhaltensweisen nachgehen** können. Sie können scharren, picken und im Sand baden. Das Futter stammt aus **biologischem Anbau**. Wenn die Tiere krank sind, sollen sie **bevorzugt mit Naturheilmitteln behandelt** werden.

drei Merkmale = jeweils 1P

4 Beim Einkaufen kann ich etwas für den Tierschutz tun, indem ich auf die **Haltungsform achte**. Wenn die Produkte aus ökologischer Erzeugung 1P stammen, werden die Tiere **artgerechter** gehalten 1P, das heißt, sie haben genug Platz und können besser ihren natürlichen Verhaltensweisen nachgehen.

5

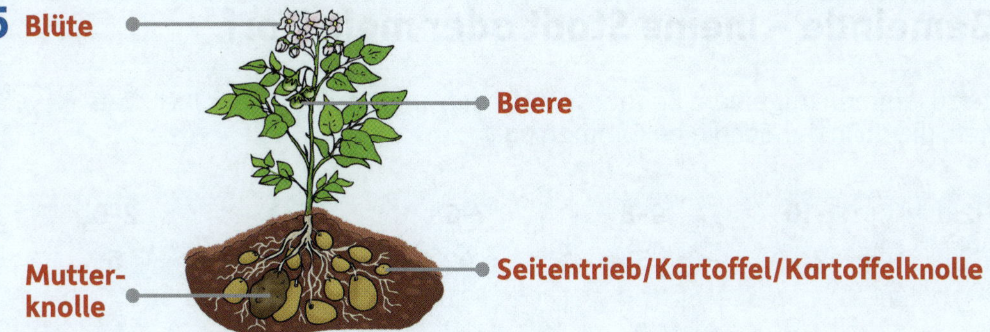

6 Die Kartoffel stammt ursprünglich aus **Südamerika**. Aus einer Mutterknolle wächst die Kartoffelpflanze. Ihre Blüten, Blätter und **Beeren** sind nicht essbar. An den unterirdischen Ausläufern entstehen durch Verdickung junge Kartoffelknollen, in denen **Nährstoffe** gespeichert werden. Die Knollen können geerntet werden, wenn die Kartoffelpflanze **vertrocknet** ist. Der größte Schädling der Kartoffelpflanze ist der **Kartoffelkäfer**.

7 Pommes, Kartoffelpüree, Kartoffelklöße, Chips ... drei Produkte = jeweils 1P

Tipp: Schreibe bei einer solchen Aufgabe bekannte Produkte, die vor allem aus Kartoffeln bestehen auf. So vermeidest du Missverständnisse.

8 Verpackungsmaterial wird aus **Stärkekartoffeln** hergestellt.

9

- 3 Unkraut- und Schädlingsbekämpfung
- 4 Kartoffelernte
- 1 Bodenvorbereitung, Feld pflügen
- 2 Auslegen der Saatkartoffeln, Dämme anhäufeln

10a

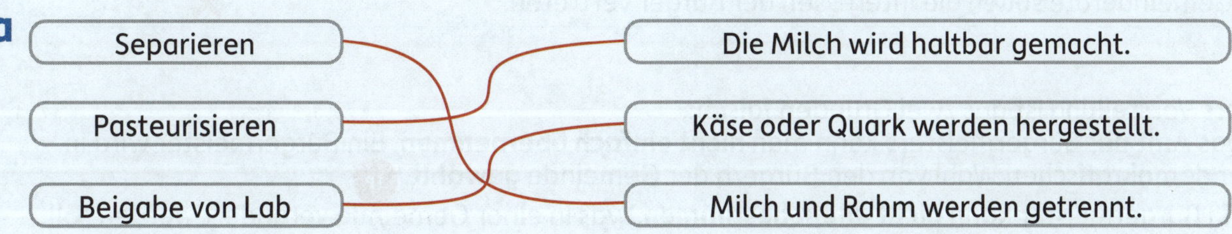

10b Beim Pasteurisieren wird Milch **haltbar gemacht**. Dazu wird sie kurzzeitig **erhitzt** und danach blitzschnell **abgekühlt**.
(Das Verfahren ist nach seinem Erfinder benannt: dem Franzosen Louis Pasteur.)

vollständige Erklärung = 2P, Teil der Erklärung = 1P

11 Eine Kuh gibt Milch, wenn sie ihr **erstes Kalb geboren** hat.

12 Milch besteht aus **Wasser**, **Milchzucker**, **Fett**, **Milcheiweiß**, **Vitaminen**, **Spurenelementen** und **Mineralstoffen**.

drei Bestandteile = jeweils 1P

Punkte	32-30	29,5-25,5	25-20,5	20-16	15,5-9,5	9-0
Note	1	2	3	4	5	6

Test 1: Meine Gemeinde – meine Stadt oder mein Dorf

Kontrolliere diese Seite zusammen mit einem Erwachsenen. Überprüfe mit Hilfe des Internets oder mit den Unterlagen, die du in der Schule bekommen hast.

Punkte	13-12	11-10	9-8	7-6	5-3	2-0
Note	1	2	3	4	5	6

Test 2: Gemeinde

1 Die Bürger einer Gemeinde wählen in regelmäßigen Abständen den **Bürgermeister** und den Gemeinderat. Die Gemeinderäte üben ihr Amt nicht beruflich, sondern in der Regel **ehrenamtlich** aus. Sie treffen sich regelmäßig zu **Gemeinderatssitzungen**, in denen diskutiert und über verschiedene Anträge abgestimmt wird.

2 Eine Wahl muss **frei**, **gleich**, **geheim**, **allgemein** und **unmittelbar** sein.

3

	richtig	falsch
Der Bürgermeister vertritt die Gemeinde nach außen.	☒	○
Wenn ein Antrag im Gemeinderat abgelehnt wird, können die Bürger ...	○	☒
Bei einem Bürgerbegehren müssen alle Bürger der Gemeinde unterschreiben.	○	☒
Alle 4 Monate ist Gemeinderatssitzung.	○	☒
Den Bürgermeister einer Gemeinde darf jeder Einwohner ab 12 Jahren wählen.	○	☒
Der Bürgermeister wird direkt (man sagt auch unmittelbar) von den ...	☒	○
Wenn die Feuerwehr das neueste Fahrzeugmodell möchte, muss ...	○	☒
Die Gemeinderäte sollen die Interessen der Bürger vertreten.	☒	○

4 Peters Vorstellung ist aus zwei Gründen falsch:

1. Das Amt des Bürgermeisters kann man **nicht einfach übernehmen**. Ein Bürgermeister wird in einer demokratischen Wahl von den Bürgern der Gemeinde **gewählt**. 1P
2. Ein Bürgermeister kann **nicht allein bestimmen**, was in einer Gemeinde verändert werden soll. In Gemeinderatssitzungen wird **mit den Gemeinderäten** über Vorhaben in der Gemeinde **abgestimmt**. Bürgermeister und Gemeinderäte sollen dabei die **Interessen der Bürger vertreten**. 1P

5a Die Gemeinde ...
... kümmert sich um Ausstattung und Mitarbeiter der **Feuerwehr**; ... sorgt dafür, dass **Schulen und Kindergärten** gebaut und ausgestattet werden; ... organisiert die **Wasser- und Stromversorgung**; ... sorgt dafür, dass **Straßen gebaut, in Stand gehalten und richtig beleuchtet** sind; ... kümmert sich darum, dass **Freizeiteinrichtungen und Spielplätze gebaut und gepflegt** werden; ... organisiert die **Müllabfuhr**.
drei Aufgaben = jeweils 1P

5b Die Gemeinde übernimmt die Aufgaben für ihre Einwohner, weil es für einen Einzelnen **zu teuer** und **zu aufwändig** wäre, alle diese Dinge zu organisieren.

5c

Du möchtest einen gefundenen Geldbeutel abgeben:	**Fundamt**
Deine Tante will heiraten:	**Standesamt**
Eine Familie zieht neu in die Gemeinde:	**Einwohnermeldeamt**
Du brauchst einen neuen Kinderausweis:	**Passamt**
Familie Wagner möchte mitteilen, dass sie wegzieht:	**Einwohnermeldeamt**
Familie Fröhlich hat ein Baby bekommen:	**Standesamt**
Familie Maier möchte ein Haus bauen:	**Bauamt**

6 1. **Steuern** zum Beispiel **Hundesteuer oder Gewerbesteuer**
2. **Gebühren** zum Beispiel **Müllgebühren oder Abwassergebühren**
oder: **Zuschüsse** zum Beispiel **von der Bundesrepublik Deutschland**

7 Der Antrag wird **abgelehnt**, das heißt, der Spielplatz kann nicht gebaut werden. Das Vorhaben würde nur dann umgesetzt werden, wenn die Mehrheit der 15 Gemeinderäte, also mindestens acht, **dafür** stimmen würde.

8 Die Gemeinde ist für die Ausstattung der Schulen zuständig. Ich kann helfen, Geld zu sparen, indem ich **sorgfältig mit Schulgegenständen und Schulmaterial umgehe**. Ich passe auf, dass **nichts kaputtgeht** und ersetzt werden muss. Dies gilt auch auf Spielplätzen und in anderen Freizeiteinrichtungen. In der Schule und anderen öffentlichen Gebäuden kann ich darauf achten, **Strom und Wasser sparsam** zu verwenden.

jede Idee = 1P Es muss dabei deutlich werden, dass die Gemeinde für die Ausstattung der Schule oder der Einrichtung, über die du schreibst, bezahlen muss.

9 Die Eltern können **Leserbriefe** an die Zeitung schreiben und so auf ihr Vorhaben aufmerksam machen. Sie können in die **Sprechstunde des Bürgermeisters oder der Bürgermeisterin** gehen und dort noch einmal deutlich machen, warum ihr Vorhaben wichtig ist. Als weitere Möglichkeit können sie Unterschriften für ein **Bürgerbegehren** für die Fußgängerampel sammeln. Kommen dabei genügend Unterschriften zusammen, stimmen die Bürger der Gemeinde in einem **Bürgerentscheid** darüber ab, ob die Fußgängerampel aufgestellt wird.

zwei Möglichkeiten = jeweils 1P

Punkte	28-26,5	26-22	21,5-18	17,5-14	13,5-8	7,5-0
Note	1	2	3	4	5	6

Test 3: Gemeinde

1 Eine Gemeinde besteht aus Menschen, die **an einem Ort zusammenwohnen**. Eine Gemeinde kann ein Dorf oder eine Stadt sein. Manchmal gehören mehrere Ortsteile zu einer Gemeinde. Die Gemeinde übernimmt Aufgaben, die für einen einzelnen Einwohner zu teuer und zu aufwändig wären. Sie hat eine eigene Verwaltung und Regierung: den Stadt- oder Gemeinderat.

2

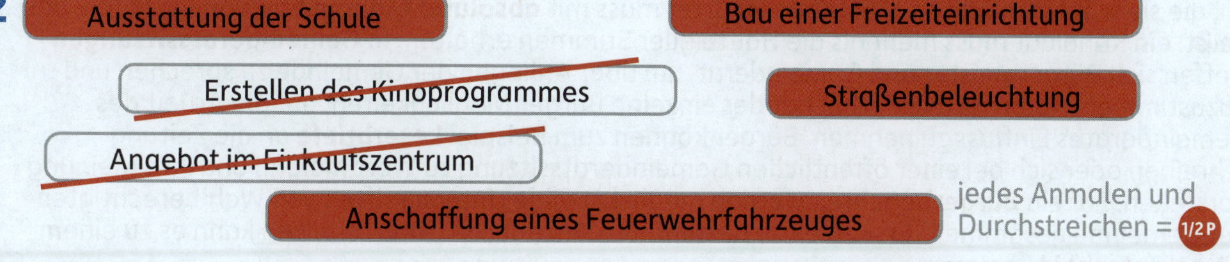

jedes Anmalen und Durchstreichen = 1/2P

3

Amt	Anliegen
Einwohnermeldeamt	Wir sind umgezogen.
Passamt	Ich brauche einen neuen Pass.
Fundamt	Ich habe meinen Schlüssel verloren.

Weitere Beispiele findest du auf Seite 37. jede Zeile = jeweils 1P

4 Steuern: z. B. Hundesteuer oder Grundsteuer
Gebühren: z. B. Müllgebühren oder Abwassergebühren jeweils ein Beispiel = jeweils 1P

5 Jeder, der in einer Gemeinde ein Geschäft oder ein Unternehmen betreibt, also etwas herstellt oder verkauft, muss **Gewerbesteuer** an die Gemeinde bezahlen. Wenn es in einer Gemeinde viele Unternehmen und Geschäfte gibt, die alle Gewerbesteuern bezahlen, nimmt die Gemeinde **mehr Geld ein**.

6 Bürgermeister:
- Vertreten der Gemeinde nach außen
- Leiten der Gemeinderatssitzungen
- Vorgesetzter der Menschen, die im Rathaus arbeiten
- dafür sorgen, dass Beschlüsse des Gemeinderates umgesetzt werden

Gemeinderat:
- Teilnahme an Gemeinderatssitzungen
- Abstimmung über Vorhaben in der Gemeinde

jeweils eine Aufgabe = jeweils 1P

7 Lenas Vorschlag ist **nicht möglich**:
1. Mit 9 Jahren ist Lena **zu jung**, um an der Wahl des Bürgermeisters teilzunehmen. 1P
2. Eine demokratische Wahl ist **geheim**. Jeder Wahlberechtigte muss selbst wählen und kann dies nicht von einer anderen Person erledigen lassen. 1P Es gibt aber die Möglichkeit per Post zu wählen (= Briefwahl).

8

4 Die Gemeinderäte stimmen über den Antrag ab.

1 Der Bürgermeister eröffnet die Sitzung.

2 Der Bürgermeister liest die Tagesordnung vor.

5 Die Entscheidung wird in der Beschlussfassung aufgeschrieben.

3 Die Gemeinderäte diskutieren und bilden sich eine Meinung.

9 Es wäre sehr **kompliziert**, wenn zu jeder Entscheidung, die in einer Gemeinde getroffen werden muss, alle Bürger informiert werden und dann zur Abstimmung gehen müssten. Die Gemeinderäte sind demokratisch gewählt und sollen die Interessen der Bürger vertreten.

vollständige Erklärung = 2P, Erklärung teilweise richtig = 1P

10 Bei einer demokratischen **Wahl** kreuzen die **Bürger** auf einem Stimmzettel die Namen derjenigen an, die sie wählen möchten. Der Bürgermeister muss mit **absoluter** Mehrheit gewählt werden, das heißt, ein Kandidat muss mehr als die Hälfte aller Stimmen erhalten. In **Gemeinderatssitzungen** treffen sich Bürgermeister und Gemeinderat, um über Anliegen der Gemeinde zu sprechen und abzustimmen. Auch nach der Wahl hat der einzelne Bürger Möglichkeiten, auf die Arbeit des Gemeinderates Einfluss zu nehmen. Bürger können zum Beispiel **Leserbriefe** an die Zeitung schreiben oder sich bei einer öffentlichen Gemeinderatssitzung zu Wort melden und ihre Meinung darstellen. Für ein **Bürgerbegehren** werden möglichst viele Unterschriften von Wahlberechtigten der Gemeinde gesammelt. Erst ab einer bestimmten Anzahl von Unterschriften kann es zu einem **Bürgerentscheid** kommen.

11 Eine demokratische Wahl ist ...
... **frei**: Das bedeutet, niemand darf zur Wahl gezwungen werden.
... **allgemein**: Das bedeutet, jeder Bürger darf wählen.
... **geheim**: Das bedeutet, ein Bürger muss niemandem verraten, wen er gewählt hat.
... **gleich**: Das bedeutet, jede Stimme zählt gleich.
... **unmittelbar**: Das bedeutet, Gemeinderäte und Bürgermeister werden direkt von den Bürgern gewählt.

zwei Grundsätze = jeweils 1P

Punkte	24-22,5	22-19	18,5-15,5	15-12	11,5-7	6,5-0
Note	1	2	3	4	5	6

Test 1: Deutschland – mein Bundesland

Kontrolliere diese Seite zusammen mit einem Erwachsenen. Überprüfe mit Hilfe des Internets oder mit den Unterlagen, die du in der Schule bekommen hast.

Punkte	13-12	11-10	9-8	7-6	5-3	2-0
Note	1	2	3	4	5	6

Test 2: Deutschland

1a

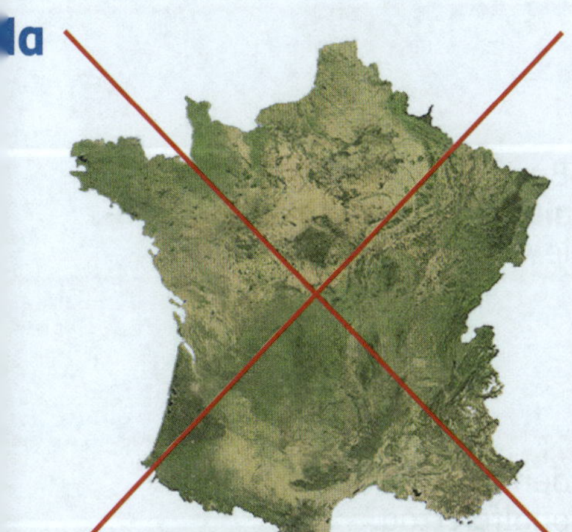

1b Die Hauptstadt (roter Punkt) heißt **Berlin**.

Der höchste Berg (schwarzes Kreuz) heißt **Zugspitze**.

Gewässer gibt es viele. Prüfe deine Antwort mit einer Deutschlandkarte.

Einkreisen und Durchstreichen = jeweils  1/2P,
Einzeichnen von Stadt, Berg, Gewässer und Füllen der Lücken = jeweils 1/2P

2

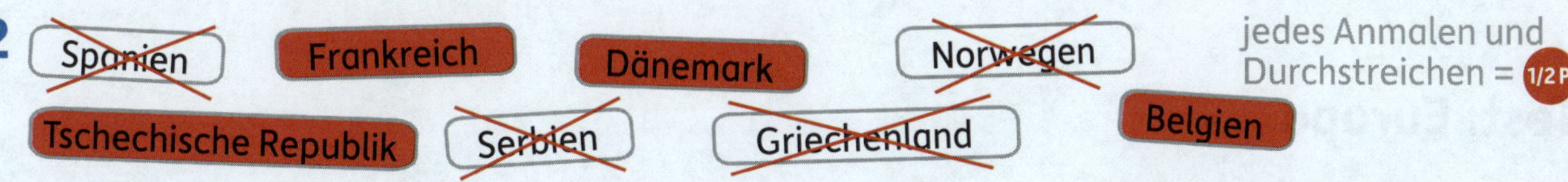

jedes Anmalen und Durchstreichen = 1/2P

3

	richtig	falsch
Deutschland besteht aus 18 Bundesländern.	○	☒
Die Bundesländer haben sich zu einem Bund zusammengeschlossen.	☒	○
Jedes Bundesland hat eine eigene Regierung.	☒	○

4a

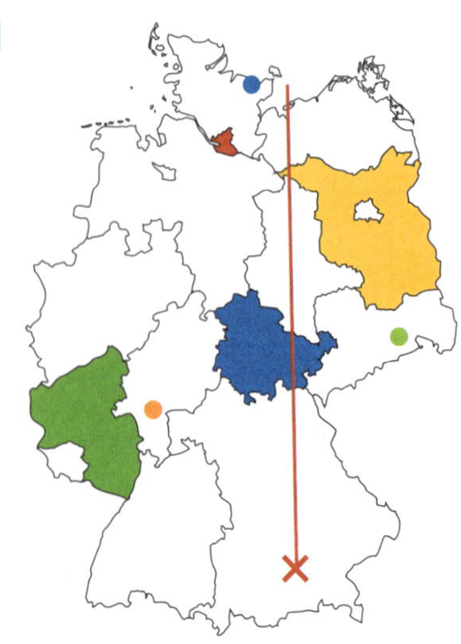

4b

	Hauptstadt	Bundesland
(orange)	**Wiesbaden**	**Hessen**
(blau)	**Kiel**	**Schleswig-Holstein**
(grün)	**Dresden**	**Sachsen**

je Zeile = 1P

4c Tipp zur Lösung: Nimm dein Lineal und ziehe eine Linie von München (Kreuz in der Karte) bis zur Ostsee.
Um eine möglichst kurze Strecke zu fahren, könnte Familie Huber durch **Bayern**, **Thüringen**, **Sachsen-Anhalt**, **Brandenburg** und **Mecklenburg-Vorpommern** fahren. = jeweils 1/2P
Je nachdem wie weit sich deine Verbindungslinie nach Osten oder Westen neigt, kann auch noch Sachsen, Niedersachsen oder Schleswig-Holstein zu deiner Aufzählung gehören.

5 Durch diese Bundesländer fließt die Donau: **Baden-Württemberg** und **Bayern**
Diese Bundesländer liegen an der Grenze zu Polen: **Mecklenburg-Vorpommern**, **Brandenburg**, **Sachsen**
Diese Bundesländer liegen an der Nordsee: **Schleswig-Holstein** und **Niedersachsen**
Dieses Bundesland hat die meisten Einwohner: **Nordrhein-Westfalen**
Dieses Bundesland hat die größte Fläche: **Bayern**

6a

6b Auf dem deutschen Wappen ist der **Adler** abgebildet.

7 Deutschland ist bekannt für ...
... das **Oktoberfest** in München, ... verschiedene **Automarken**, ... Bauwerke wie das Schloss **Neuschwanstein**, das **Brandenburger Tor** oder die **Elbphilharmonie**, ... guten Fußball (Deutschland war schon mehrfach Weltmeister), ... berühmte Personen wie Albert **Einstein**, Friedrich **Schiller**, Johann Sebastian **Bach**.
Das sind Beispiele: eine Information = 1P

8a **3. Oktober**

8b Nach dem 2. Weltkrieg gab es **zwei deutsche Staaten**. Diese wurden am 3.10.1990 wieder zu einem Staat **vereinigt**. Seitdem ist der 3. Oktober deutscher Nationalfeiertag.
vollständige Erklärung = 2P, Erklärung teilweise richtig = 1P

Punkte	**34-32**	**31,5-27**	**26,5-22**	**21,5-17**	**16,5-9**	**8,5-0**
Note	**1**	**2**	**3**	**4**	**5**	**6**

Test: Europa

1a

	Land	Hauptstadt
1	**Portugal**	**Lissabon**
2	**Frankreich**	**Paris**
3	**Polen**	**Warschau**
4	**Österreich**	**Wien**
5	**Finnland**	**Helsinki**
6	**Irland**	**Dublin**

je Zeile = 1P

1b

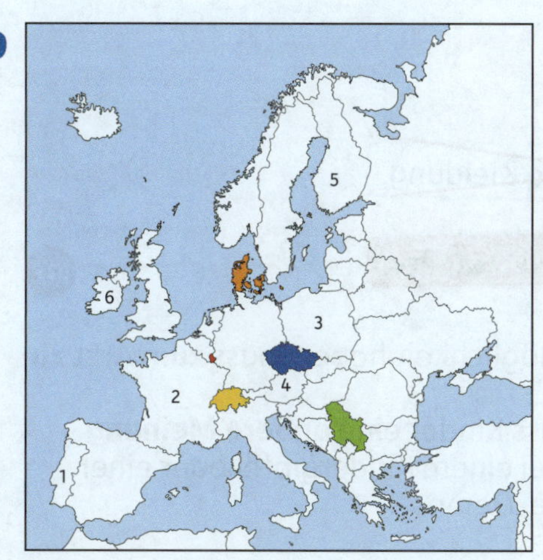

2 Schau im Infoteil auf Seite 54 und vergleiche mit deiner Lösung.
Für jedes Land mit passender Sehenswürdigkeit = 1P

3

4 Dieses europäische Land hat die Form eines Stiefels: **Italien**
Madrid ist die Hauptstadt dieses europäischen Landes: **Spanien**
Dieses Land liegt südöstlich von Deutschland. Seine Flagge ist rot-weiß-rot gestreift: **Österreich**
Dieses Land liegt ganz im Südosten Europas. Zu ihm gehören viele kleine Inseln, die im Mittelmeer liegen: **Griechenland**

5

	richtig	falsch
Die Flagge der europäischen Union zeigt 12 gelbe Sterne auf blauem Grund.	☒	○
Die Sterne auf der Europaflagge stehen für die Anzahl der Mitgliedsstaaten.	○	☒
Die kreisförmig angeordneten Sterne stehen für Einheit, Solidarität und ...	☒	○
Die Sterne auf der Europaflagge stehen für die Anzahl der ...	○	☒

6 im Westen (W) **Atlantik (Atlantischer Ozean)**
im Süden (S) **Mittelmeer**

7 Der Name des Kontinents Europa stammt aus der griechischen **Sagenwelt/Mythologie**.
In der Europäischen Union haben sich **27** Staaten zusammengeschlossen.
Einige dieser Staaten haben als gemeinsame Währung den **Euro**.
In Brüssel trifft sich der **Europäische Rat**.
Im Jahr 2020 ist **Großbritannien** aus der Europäischen Union ausgetreten (Brexit).

8 A **Island** B **Norwegen** C **Griechenland**

Punkte	32-30	29,5-25,5	25-20,5	20-16	15,5-9,5	9-0
Note	1	2	3	4	5	6

Test: Kinder haben Rechte

1a

Recht auf Gesundheit

~~Recht auf ordentliche Kleidung~~

~~Recht auf Internet~~

Recht sich zu informieren und sich mitzuteilen

jedes Anmalen und Durchstreichen = (1/2 P)

1b **„Recht auf Gesundheit"** bedeutet, dass ein krankes Kind die Möglichkeit haben muss **zum Arzt zu gehen** und Medikamente zu bekommen.
„Recht sich zu informieren und sich mitzuteilen" bedeutet, dass Kinder eine **andere Meinung als Erwachsene** haben und diese auch **vertreten dürfen** z. B. bei einem Kindergipfel oder einer Demonstration. Ein Beispiel hierfür sind die „Fridays-for-Future-Demos".

vollständige Erklärung = (2P), Erklärung teilweise richtig = (1P)

2 Die Kinderechte sind in der **Kinderrechtskonvention der Vereinten Nationen** aufgeschrieben. (1P)
Sie wurde im November **1989** beschlossen. (1P)

3

Anna lebt in Deutschland. Sie hat eine schlechte Note geschrieben ...	Recht auf Erziehung **ohne Gewalt** (1P)
Pedro lebt in Peru. Seine Familie ist sehr arm. Statt in die Schule zu gehen ...	Recht auf **Bildung** (1P), Recht auf **Freizeit** (Spiel, Erholung und Rückzugsmöglichkeiten) (1P)
Mira lebt auf den Straßen von Delhi (Indien). Nachts schläft sie	Recht auf **ein sicheres Zuhause** (eine Familie, elterliche Fürsorge) (1P)

4 Kinderrechte sind wichtig, um **Kindern eine Stimme** zu geben. Sie sollen sicherstellen, dass alle Kinder die Möglichkeit bekommen, jetzt und später **ein gutes Leben** zu führen.

Tipp: Du kannst hier auch Beispiele anführen, was ohne Kinderrechte passieren würde:
z.B.: Wenn Kinder kein Recht auf Bildung hätten, hätten sie später weniger Chancen einen Beruf zu finden.

5 Recht auf Bildung: Es werden **Schulen und Kindergärten** gebaut und ausgestattet. (1P)
Recht auf Spiel und Freizeit: Es werden **Spielplätze** gebaut, **Jugendzentren** und **Bibliotheken**. (1P)

6

Recht auf eine Familie, elterliche Fürsorge und ein sicheres Zuhause → Kinder dürfen nicht allein leben. Erwachsene müssen sich um sie kümmern und darauf achtgeben, dass es ihnen gut geht.

Recht auf Gleichbehandlung und Schutz vor Ausgrenzung → Kinderrechte gelten für alle Kinder auf der Welt – egal welche Hautfarbe sie haben und welcher Religion sie angehören.

Kinder müssen in jeder Beziehung gleich behandelt werden wie Erwachsene.

7 Bekannte Hilfsorganisationen sind **Save the Children**, **UNICEF Kinderhilfswerk**, **SOS Kinderdorf**, **World Vision**, **Deutsches Kinderhilfswerk e. V.**, **Plan International** ...

Es gibt noch weitere Hilfsorganisationen: zwei Hilfsorganisationen = jeweils 

8

	richtig	falsch
In einer Demokratie sollen Politiker Kinder in Entscheidungen miteinbeziehen …	☒	○
In einer Demokratie dürfen auch Kinder zur Wahl gehen.	○	☒
In einer Demokratie gibt es Rechte, die für alle gelten. Auch Kinder haben …	☒	○
In einer Demokratie entscheidet derjenige, der auch genug Geld dazu hat.	○	☒

9 In der Familie dürfen und sollen Kinder mithelfen und einfache Aufgaben übernehmen, wie z. B. den Tisch abräumen oder das Kinderzimmer aufräumen. Hier geht es darum, dass man zusammenhilft und jeder etwas beiträgt. Bei Kinderarbeit müssen die Kinder arbeiten, um Geld zu verdienen. Durch das Arbeiten werden ihnen Rechte genommen, die ihnen zustehen (z. B. Recht auf Bildung, Recht auf Spiel und Freizeit). Oft ist Kinderarbeit mit sehr großer körperlicher Anstrengung verbunden. Beim Mithelfen in der Familie ist dies nicht der Fall.

Bei dieser Aufgabe ist es wichtig, dass du den Unterschied zwischen Mithilfe in der Familie und Kinderarbeit deutlich machst.

vollständige Erklärung = 2P, Erklärung teilweise richtig = 1P

Punkte	21-19,5	19-16,5	16-13,5	13-10,5	10-6	5,5-0
Note	1	2	3	4	5	6

Test 1: Rund ums Fahrrad

1

2 Zu einem vorausfahrenden Fahrrad halte ich **3 Radlängen** Sicherheitsabstand. Wenn ich an einer Kreuzung abbiege, muss ich immer ein deutliches **Handzeichen** geben. Wenn ich auf einer Straße in Deutschland fahre, muss ich immer am **rechten** Fahrbahnrand fahren. An Fußgängerübergängen haben Fußgänger **Vorrang**.

3

4 Ich muss das Fahrrad bis zum Fahrbahnrand **schieben**, auf den **fließenden Verkehr** achten, Fahrrad in Fahrtrichtung auf die **rechte Seite** stellen, mich nach hinten links **umsehen**, **Handzeichen** links geben, mit beiden Händen am Lenker **losfahren**.

jeder Schritt = jeweils 1/2P

5

6a

richtiges Anmalen = jeweils (1/2P)
richtige Beschriftung = jeweils (1P)

6b Beim Schild „Stopp! Vorfahrt gewähren“ **muss ich anhalten** (1P), bei „Vorfahrt gewähren“ **nicht unbedingt** (1P).

7 In der Rangfolge der Vorfahrtsregeln kommt der **Polizist vor der Ampel**. Der Polizist winkt dir, deshalb **darfst** du in die Kreuzung **einfahren**, obwohl die Ampel „Rot“ zeigt.

8 Ich muss mich nach links hinten **umsehen**, **Handzeichen** links geben, in der Fahrbahnmitte **einordnen**, dann den **Gegenverkehr** beachten und vorbeilassen, mit **Sicherheitsabstand** am Hindernis vorbeifahren, **Handzeichen** rechts geben und wieder rechts **einordnen**.

jeder Schritt = jeweils (1/2P)

9

A: 1 Radfahrer, 2 Auto

B: 2 Radfahrer, 1 Auto

C: 1 Radfahrer, 2 Auto, 3 Bus

jede Ziffer = jeweils (1/2P)

10 Die beiden Fahrradfahrer fahren **nebeneinander**. Das machen sie falsch. Sie sollten hintereinander am rechten Fahrbahnrand fahren und drei Radlängen Sicherheitsabstand halten. So könnte der Autofahrer überholen und **niemand wird behindert**.

vollständige Erklärung = (2P), Erklärung teilweise richtig = (1P)

11

A: B A

B: C A B

12

1. **Nach links hinten umsehen**
2. Handzeichen links geben
3. Einordnen
4. **Vorfahrt beachten**
5. **Gegenverkehr beachten und vorbeilassen**
6. Nochmal umsehen
7. **In großem Bogen abbiegen**
8. Fußgänger beachten und am rechten Fahrbahnrand weiterfahren

13

Das Verkehrsschild bedeutet „Verbot für Radverkehr“. In Straßen, die mit diesem Schild gekennzeichnet sind, **darf ich nicht einfahren**.

Punkte	**33-31**	**30,5-26**	**25,5-21**	**20,5-16,5**	**16-9,5**	**9-0**
Note	**1**	**2**	**3**	**4**	**5**	**6**

Test 2: Rund ums Fahrrad

1

	richtig	falsch
Beim Radfahren auf der Straße fahre ich immer möglichst dicht hinter …	○	⊗
In Deutschland fahre ich am linken Fahrbahnrand.	○	⊗
Ein Verkehrspolizist auf einer Kreuzung setzt die sonst geltenden …	⊗	○
An unbeschilderten Kreuzungen ohne Ampel gilt die Vorfahrtsregel …	⊗	○

2a

2b Das erste Rad, die Draisine, war ein **Laufrad**, wurde also mit den Füßen angetrieben. Das heutige Fahrrad hat einen **Pedalantrieb**.

3 Ich fahre **vorsichtig** an den Zebrastreifen heran und nehme **Blickkontakt** mit dem Kind auf 1P.
Ich **warte** bis das Kind die Straße überquert hat und fahre dann weiter 1P.

4 Ein verkehrssicheres Fahrrad braucht eine **Vorderradbremse**, eine **Hinterradbremse**, eine **Klingel**, ein **Vorderlicht** (Scheinwerfer), einen weißen **Frontstrahler** (vorne), ein rotes **Schlusslicht**, einen roten **Großflächenrückstrahler** (hinten), **Speichenreflektoren** und **Pedalrückstrahler**.

fünf Dinge = jeweils 1P

5 Der LKW möchte rechts abbiegen. Der Radfahrer fährt neben dem LKW und befindet sich im „**Toten Winkel**“. Dort kann der Lastwagenfahrer den Radfahrer **nicht sehen**. So kann es zu einem Unfall kommen. Der Radfahrer sollte **stehenbleiben** und den LKW **abbiegen lassen**.

vollständige Erklärung = 2P, Erklärung teilweise richtig = 1P

6

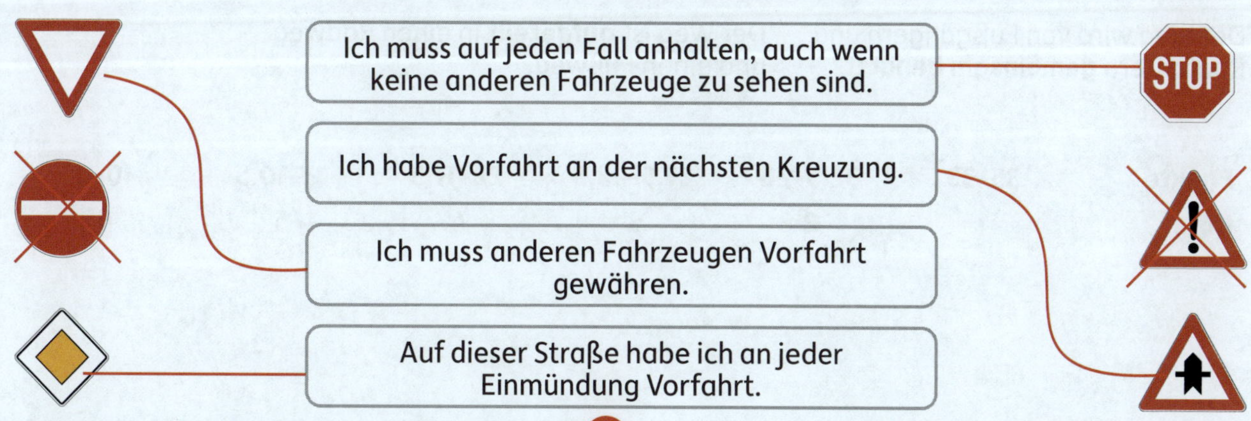

jede Linie und jedes Durchstreichen = jeweils 1/2 P

7 Ich sehe mich **nach links hinten** um.
Ich gebe **Handzeichen** links.
Ich **ordne** mich in der Fahrbahnmitte **ein**.
Ich beachte die **Vorfahrt (rechts vor links)**.
Ich achte auf den **Gegenverkehr** und lasse ihn vorbei.
Ich **sehe** mich nochmal **um**.
Ich **biege** in großem Bogen **ab**.
Ich **beachte Fußgänger** und fahre am rechten Fahrbahnrand weiter.

jeder Schritt = jeweils 1/2 P

8

Gegenverkehr

ich

Fußgänger

9a

Einkreisen und Durchstreichen = jeweils 

9b

- 3 einordnen in der Fahrbahnmitte
- 4 Gegenverkehr beachten
- 7 rechts einordnen
- 5 mit Sicherheitsabstand am Hindernis ...
- 2 Handzeichen links
- 1 umsehen nach links hinten
- 6 Handzeichen rechts

10

A 2 Radfahrer, 1 blaues Auto, 3 rotes Auto

B 2 Radfahrer, 1 Auto

C 3 Radfahrer, 1 grünes Auto, 2 gelbes Auto

jede Ziffer = jeweils 

11

Tipp: Die Mädchen sollten einen **Fahrradhelm** tragen.
Tipp: Im Straßenverkehr müssen die Mädchen **hintereinander** am Rand fahren.
Tipp: Sie sollten **3 Radlängen Sicherheitsabstand** halten.

zwei Tipps = jeweils 

12

A

Gemeinsamer Rad- und Fußweg

Der Weg wird von Fußgängern und Radfahrern **gemeinsam benutzt**.

B

Getrennter Rad- und Fußweg

Der Weg ist **aufgeteilt** in einen Radweg und einen Fußweg.

Punkte	35-33	32,5-28	27,5-22,5	22-17,5	17-10,5	10-0
Note	1	2	3	4	5	6

Kennst du die deutschen
Bundesländer und die deutschen Nachbarländer?
Dann ist das Puzzle kein Problem für dich.
Viel Spaß!

Hebe die Teile doch in einer
Streichholzschachtel auf, so kannst du das Puzzle immer
wieder einmal zusammenlegen.

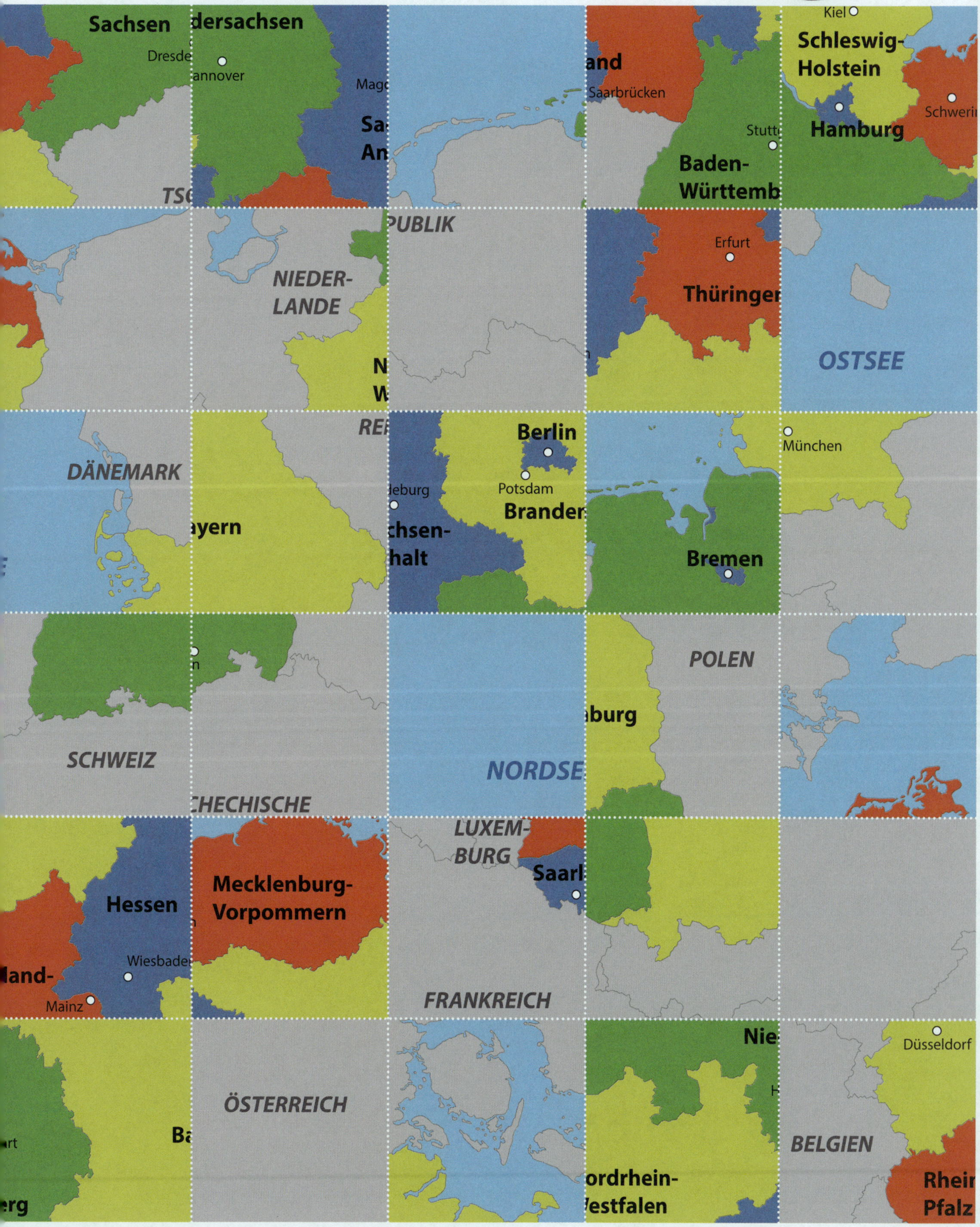

Viele dieser Aufgaben sind in **Ämtern** organisiert:

Name des Amts	ist zuständig, wenn …
Standesamt	… man heiraten möchte, Geburt oder Todesfall melden will.
Passamt	… man einen neuen Pass braucht oder ihn verlängern lassen möchte.
Einwohnermeldeamt	… man einen Umzug melden will.
Fundamt	… man verlorene Dinge abholen oder gefundene Dinge abgeben möchte.
Bauamt	… man ein Haus bauen will.
Gewerbeamt	… man ein Geschäft anmelden will.
Jugendamt	… Kinder und Jugendliche vor Gefahren geschützt werden müssen, Familien Unterstützung brauchen.
Ordnungsamt	… sich jemand beschweren möchte, zum Beispiel über nicht angeleinte Hunde oder zu laute Nachbarn.
Steueramt	… es um Fragen zur Steuer geht (siehe dazu auch Seite 38).

Einnahmen und Ausgaben einer Gemeinde

Für all ihre Aufgaben benötigt die Gemeinde Geld. Dieses bekommt sie aus:

1. Steuern
- Wer ein Geschäft oder ein Unternehmen betreibt, also etwas herstellt oder verkauft, muss **Gewerbesteuer** an die Gemeinde abgeben.
- Menschen, die einen Hund als Haustier haben, müssen **Hundesteuer** bezahlen.
- Jeder Einwohner, der ein Grundstück besitzt, muss eine **Grundsteuer** bezahlen.

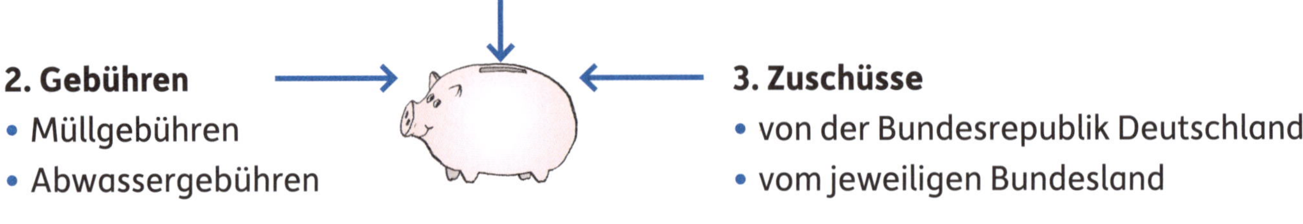

2. Gebühren
- Müllgebühren
- Abwassergebühren

3. Zuschüsse
- von der Bundesrepublik Deutschland
- vom jeweiligen Bundesland

Gemeinderat und Bürgermeisterin/Bürgermeister

Die Bürgerinnen und Bürger einer Gemeinde wählen in regelmäßigen Abständen (siehe hierzu Seite 40) einen **Gemeinderat** und eine **Bürgermeisterin** oder einen **Bürgermeister**.

Dabei gelten die Grundsätze einer **demokratischen Wahl**:
- **Frei** (niemand darf zur Wahl oder einer Wahlentscheidung gezwungen werden)
- **Allgemein** (jede Bürgerin und jeder Bürger darf wählen)
- **Geheim** (niemand muss verraten, wen sie oder er gewählt hat)
- **Gleich** (jede Stimme zählt gleich viel)
- **Unmittelbar** (Gemeinderäte und Bürgermeister werden direkt von den Bürgern gewählt)

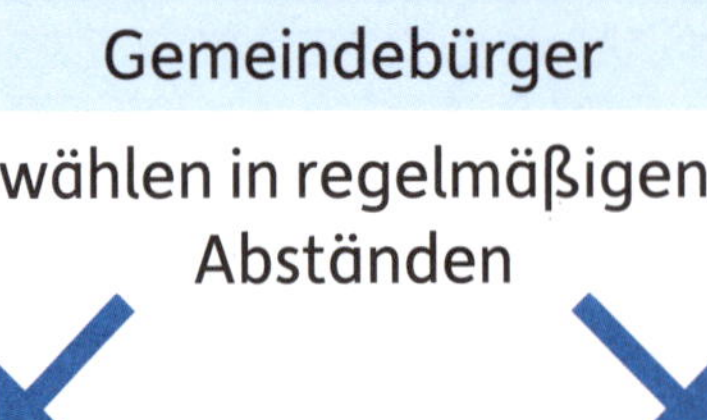

Gemeinderat
- Die Anzahl der Mitglieder hängt von der Größe der Gemeinde ab.
- Die Mitglieder arbeiten in der Regel **ehrenamtlich**.
- Gemeinderäte sollen die Interessen der Bürger vertreten.

Bürgermeisterin/Bürgermeister
- Die Bürgermeisterin/der Bürgermeister wird mit **absoluter Mehrheit** gewählt, das heißt, ein Kandidat muss mehr als die Hälfte aller Stimmen erhalten.

Gemeinderatssitzung und ihr Ablauf

Ungefähr einmal im Monat trifft sich der Gemeinderat zu einer **Gemeinderatssitzung**, um über Vorhaben in der Gemeinde zu beraten und zu entscheiden.

1. Der **Bürgermeister eröffnet** die Sitzung (Begrüßung, Anwesenheitsprüfung).

2. Vorlesen der **Tagesordnung**

3. **Diskussion** und **Meinungsbildung** über eingereichte Anträge (Vorhaben in der Gemeinde, zum Beispiel was gebaut oder angeschafft werden soll, werden in Form von schriftlichen Anträgen eingereicht.)

4. **Abstimmung**: Die **Mehrheit entscheidet**. Das heißt:
   ... wenn mehr Gemeinderäte dafür stimmen als dagegen, wird das Vorhaben umgesetzt.
   ... wenn mehr Gemeinderäte dagegen stimmen als dafür, wird der Antrag abgelehnt.
   Auch bei Stimmengleichheit wird ein Antrag abgelehnt.

5. Der Bürgermeister fasst zusammen und die Ergebnisse werden in einer **Beschlussfassung** aufgeschrieben.

Manche Gemeinderatssitzungen sind öffentlich. Hier darf jeder zuhören. Abstimmen dürfen aber nur die Gemeinderäte.

Aufgaben der Gemeinderäte	Aufgaben des Bürgermeisters
• nehmen an Gemeinderatssitzungen teil • stimmen über Vorhaben in der Gemeinde ab	• vertritt die Gemeinde nach außen • leitet die Gemeinderatssitzungen • sorgt dafür, dass Beschlüsse des Gemeinderates umgesetzt werden • ist Vorgesetzter der Menschen, die im Rathaus arbeiten

Bürgerinnen und Bürger haben Mitbestimmungsrecht

- **wählen** gehen
- **Leserbriefe** an die Zeitung oder Briefe an Politiker schreiben
- **Sprechstunde** beim Bürgermeister
- **Bürgerentscheid**: Die Bürger stimmen über ein Vorhaben ab, über das normalerweise der Gemeinderat abstimmt. Dem voran muss ein **Bürgerbegehren** gehen. Hierbei werden möglichst viele Unterschriften von Wahlberechtigten der Gemeinde gesammelt und als Antrag eingereicht, sodass alle Bürger über das Vorhaben abstimmen können.
  Beispiel: Der Gemeinderat hat den Bau einer Straße beschlossen. Viele Bürger wollen dies verhindern. Nun können Unterschriften gegen den Bau der Straße gesammelt und eingereicht werden (Bürgerbegehren). Wenn genügend Unterschriften gesammelt wurden (die Anzahl hängt von der Größe der Gemeinde ab), stimmen die Bürger schriftlich für oder gegen den Bau der Straße. Gibt es mehr Stimmen gegen die Straße als dafür, darf der Gemeinderat sie nicht bauen lassen.

Test 1: Meine Gemeinde – meine Stadt oder mein Dorf

1 Schreibe den Namen deiner Gemeinde auf: ______ /1

2a Wie sieht das Wappen aus? Male. /1

2b Welche Teile hat das Wappen? Was bedeuten sie?

______

______

______ /2

3 Einwohnerzahl: ______ /1

4a Namen aller Bürgermeisterinnen oder Bürgermeister deiner Gemeinde (Stadt):

______

______ /2

4b Wie viele Gemeinderäte oder Stadträte gibt es? ______ /1

4c Fülle die Lücken.

Bürgermeister und Gemeinderäte werden in deiner Gemeinde alle ______ Jahre gewählt. Den Gemeinderat und den Bürgermeister wählen darf, wer Deutscher ist oder die Staatsangehörigkeit eines anderen EU-Mitgliedsstaates hat, seit ______ Monaten in der Gemeinde wohnt und ______ Jahre alt ist. /3

5 Das sind Besonderheiten in deiner Stadt/in deinem Dorf (z. B. Besonderheiten in der Geschichte, besondere Sehenswürdigkeiten oder Einrichtungen):

______

______ /2

Suche dir fehlende Informationen im Internet oder lass dir von deinen Eltern helfen.
Achtung: In anderen Ländern kann es andere Regeln bei Wahlen geben.

Von 13 Punkten hast du ______ erreicht.

Test 2: Gemeinde

1 **Fülle die Lücken richtig aus.**

Die Bürger einer Gemeinde wählen in regelmäßigen Abständen den

_________________ und den Gemeinderat. Die Gemeinderäte üben ihr

Amt nicht beruflich, sondern in der Regel ______________________ aus.

Sie treffen sich regelmäßig zu ____________________________, in denen

diskutiert und über verschiedene Anträge abgestimmt wird. ☐ /3

2 **Es gibt 5 Grundsätze, die notwendig sind, damit eine Wahl demokratisch ist. Nenne sie.**

Eine Wahl muss ____________________, ____________________,

__________________, ________________ und __________________ sein. ☐ /2,5

3 **Sind die Aussagen richtig oder falsch? Kreuze an.**

	richtig	falsch
Der Bürgermeister vertritt die Gemeinde nach außen.	○	○
Wenn ein Antrag im Gemeinderat abgelehnt wird, können die Bürger gar nichts mehr machen, dass ihr Wunsch doch noch Erfolg hat. Sie müssen aufgeben.	○	○
Bei einem Bürgerbegehren müssen alle Bürger der Gemeinde unterschreiben.	○	○
Alle 4 Monate ist Gemeinderatssitzung.	○	○
Den Bürgermeister einer Gemeinde darf jeder Einwohner ab 12 Jahren wählen.	○	○
Der Bürgermeister wird direkt (man sagt auch unmittelbar) von den Bürgern der Gemeinde gewählt.	○	○
Wenn die Feuerwehr das neueste Fahrzeugmodell möchte, muss die Gemeinde es anschaffen.	○	○
Die Gemeinderäte sollen die Interessen der Bürger vertreten.	○	○

☐ /4

4 **Der 9-jährige Peter erzählt von seinem Berufswunsch:**

„Wenn ich erwachsen bin, möchte ich Bürgermeister werden. Dazu warte ich bis der aktuelle Bürgermeister in den Ruhestand geht und übernehme dann sein Amt. Dann kann ich ganz allein bestimmen, was in der Gemeinde verändert werden soll."

Warum ist Peters Vorstellung falsch? Nenne 2 Gründe.

____

____

____ ☐ /2

5a **In einer Gemeinde muss viel organisiert, gebaut und angeschafft werden. Nenne 3 Aufgaben der Gemeinde.**

____

____

____ ☐ /3

5b **Weshalb übernimmt die Gemeinde diese Aufgaben? Erkläre.**

____

____ ☐ /1

5c **An welches Amt im Rathaus kann man sich in folgenden Situationen wenden?**

Du möchtest einen gefundenen Geldbeutel abgeben:	
Deine Tante will heiraten:	
Eine Familie zieht neu in die Gemeinde:	
Du brauchst einen neuen Kinderausweis:	
Familie Wagner möchte mitteilen, dass sie wegzieht:	
Familie Fröhlich hat ein Baby bekommen:	
Familie Maier möchte ein Haus bauen:	

☐ /3,5

6 **Woher bekommt die Gemeinde ihr Geld, das sie braucht, um alle ihre Aufgaben zu erfüllen?**
Nenne 2 Einnahmequellen und jeweils ein passendes Beispiel.

1. ____________ zum Beispiel ____________

2. ____________ zum Beispiel ____________

/4

7 **Im Gemeinderat wird über den Antrag zum Bau eines Spielplatzes abgestimmt. Die Mehrheit der 15 Gemeinderäte stimmt gegen den Antrag.**
Was passiert mit dem Antrag?

/1

8 **Was kannst du als Schulkind in der Schule tun, damit die Gemeinde Geld spart?**
Nenne 2 Möglichkeiten.

/2

9 **Auf ihrem Schulweg müssen viele Kinder einer Gemeinde über eine stark befahrene Straße. Die Eltern wünschen sich eine Fußgängerampel. Der Gemeinderat ist aber dagegen. Was können nun die Eltern tun, um sich gegen die Entscheidung zu wehren?**
Nenne 2 Möglichkeiten.

/2

Von 28 Punkten hast du ____ erreicht.

Test 3: Gemeinde

1 Was ist eine Gemeinde? Erkläre genau.

/1

2 Eine Gemeinde hat verschiedene Aufgaben. Streiche Falsches durch. Male Richtiges an.

Ausstattung der Schule

Bau einer Freizeiteinrichtung

Erstellen des Kinoprogrammes

Straßenbeleuchtung

Angebot im Einkaufszentrum

Anschaffung eines Feuerwehrfahrzeuges

/3

3 Nenne drei Ämter im Rathaus und notiere je eine Situation, in der Bürgerinnen und Bürger dort Hilfe bekommen.

Amt	Anliegen

/3

4 Für ihre Aufgaben benötigt die Gemeinde Geld. Nenne zu jeder Einnahmequelle ein passendes Beispiel.

Steuern:

Gebühren:

/2

5 Wenn es viele Unternehmen und Geschäfte in einer Gemeinde gibt, nimmt sie mehr Geld ein. Warum? Erkläre in einem ganzen Satz.

____

______________________________ /1

6 Nenne je eine Aufgabe des Bürgermeisters und des Gemeinderates.

Bürgermeister: ______________________________

Gemeinderat: ______________________________ /2

7 Heute soll der Gemeinderat gewählt werden. Leider liegen Lenas Eltern krank im Bett. Lena (9 Jahre) sagt: „Kein Problem, ich gehe für euch wählen." Was sagst du zu Lena? Nenne 2 Gründe, warum ihr Vorschlag nicht möglich ist.

____

____

____

____

______________________________ /2

8 Wie verläuft eine Gemeinderatssitzung? Nummeriere.

◯ Die Gemeinderäte stimmen über den Antrag ab.

◯ Der Bürgermeister eröffnet die Sitzung.

◯ Der Bürgermeister liest die Tagesordnung vor.

◯ Die Entscheidung wird in der Beschlussfassung aufgeschrieben.

◯ Die Gemeinderäte diskutieren und bilden sich eine Meinung.

/2,5

9 **Welchen Vorteil hat es, dass nur der Gemeinderat und nicht alle Bürger der Gemeinde über Anträge abstimmen dürfen? Erkläre in ganzen Sätzen.**

___

___

___ /2

10 **Fülle die Lücken richtig aus. Die Wörter helfen dir. Achtung: Du brauchst nicht alle Wörter.**

Bürgerentscheid Leserbriefe Bürgerbegehren absoluter Demokratie
Bürger Wahl Gemeinderatssitzungen Einwohner Standesamt

Bei einer demokratischen ___ kreuzen die ___ auf einem Stimmzettel die Namen derjenigen an, die sie wählen möchten. Der Bürgermeister muss mit ___ Mehrheit gewählt werden, das heißt, ein Kandidat muss mehr als die Hälfte aller Stimmen erhalten.
In ___ treffen sich Bürgermeister und Gemeinderat, um über Anliegen der Gemeinde zu sprechen und abzustimmen. Auch nach der Wahl hat der einzelne Bürger Möglichkeiten, auf die Arbeit des Gemeinderates Einfluss zu nehmen. Bürger können zum Beispiel ___ an die Zeitung schreiben oder sich bei einer öffentlichen Gemeinderatssitzung zu Wort melden und ihre Meinung darstellen.
Für ein ___ werden möglichst viele Unterschriften von Wahlberechtigten der Gemeinde gesammelt. Erst ab einer bestimmten Anzahl von Unterschriften kann es zu einem ___ kommen. /3,5

11 **Fünf Grundsätze sind notwendig, damit eine Wahl demokratisch ist. Wähle 2 davon aus und erkläre sie kurz.**

1. ___

___

2. ___

___ /2

Von 24 Punkten hast du ___ erreicht.

Deutschland

Deutschland auf der Karte

Die Flagge der Bundesrepublik Deutschland

Das Wappen der Bundesrepublik Deutschland

Wichtige geografische Fakten

Hauptstadt	Berlin
Große Städte (> 1 Mio. Einwohner)	Berlin, Hamburg, Köln, München
Meere	Nordsee, Ostsee
Größte Seen	Bodensee, Müritz, Chiemsee
Längste Flüsse	Rhein, Weser, Elbe, Donau, Main, Saale, Spree, Ems, Neckar
Gebirge	Alpen, Schwarzwald, Bayerischer Wald, Erzgebirge, Harz
Höchster Berg	Zugspitze (2962 m)
Nachbarländer	Dänemark, Polen, Tschechische Republik (Tschechien), Österreich, Schweiz, Frankreich, Luxemburg, Belgien, Niederlande
Fläche	ca. 358 000 km²

Wichtige politische Fakten

Bundesrepublik	Deutschland besteht aus 16 Bundesländern. Sie haben sich zu einem Bund zusammengeschlossen. Jedes Bundesland hat eine eigene Hauptstadt.
Staatsoberhaupt	Bundespräsident*in:
Regierungschef*in	Bundeskanzler*in:
Einwohner	ca. 83 Millionen
Nationalfeiertag	Tag der deutschen Einheit am 3. Oktober. Nach dem 2. Weltkrieg gab es zwei deutsche Staaten, die BRD und die DDR. Diese wurden am 3.10.1990 wieder zu einem Staat vereinigt.
Bundesland mit der größten Fläche	Bayern (ca. 70 550 km²)
Bundesland mit den meisten Einwohnern	Nordrhein-Westfalen (ca. 17 900 000)

Suche die 16 Bundesländer und ihre Hauptstädte auf der Karte auf Seite 47 und lerne sie auswendig. Präge dir ihre Lage ein. Überlege dir Merkhilfen, zum Beispiel:
„**B**is **b**ald, **S**abrina!“ (= **B**ayern, **B**aden-Württemberg, **S**aarland)
„**R**enn **n**ach **H**ause!“ (= **R**heinland-Pfalz, **N**ordrhein-Westfalen, **H**essen)

Bastle auch das Deutschlandpuzzle. Du findest es am Ende des Lösungsteils in der Mitte des Heftes.

Sehenswürdigkeiten und bekannte Bauwerke:

Brandenburger Tor in Berlin

Schloss Neuschwanstein in Füssen

Elbphilharmonie in Hamburg

Frauenkirche in Dresden

Auch dafür ist Deutschland bekannt:

Berühmte Personen: Albert Einstein (Wissenschaftler), Friedrich Schiller (Dichter), Johann Sebastian Bach (Komponist), Johannes Gutenberg (Erfinder des Buchdrucks)
Brauchtum: Oktoberfest in München, Weihnachtsmärkte in vielen Städten
Bekannte Automarken: z. B. Audi, BMW, Mercedes-Benz, Opel, Porsche und Volkswagen. Deutschland liefert Autos in die ganze Welt.
Erfolgreiche Fußballnation: Deutschland war schon mehrfach Weltmeister.

Test 1: Deutschland – mein Bundesland

1a Schreibe den Namen deines Bundeslandes und dessen Hauptstadt auf.

/2

1b In welcher Richtung liegt dein Bundesland in Deutschland? Kreise ein.

N NO O SO S SW W NW Mitte

/1

1c Färbe dein Bundesland auf der Karte gelb ein. Markiere die Landeshauptstadt deines Bundeslandes mit einem roten Punkt.

/2

1d Markiere die ungefähre Lage der Stadt oder Gemeinde, in der du wohnst, mit einem blauen Kreuz.

/1

2 Wie ist dein Bundesland weiter unterteilt (z. B. Regierungsbezirke)? Schreibe die Namen der Teile auf.

/2

3 Kennst du dich mit deinem Bundesland aus? Beantworte die Fragen.

Wie viele Einwohner hat dein Bundesland ungefähr? ________

Nenne ein Gewässer in deinem Bundesland (Fluss/See/Meer). ________

Wie heißt der/die Ministerpräsident*in? ________

Nenne eine Sehenswürdigkeit deines Bundeslandes. ________

/4

4 Kreise das Wappen deines Bundeslandes ein.

/1

Von 13 Punkten hast du ___ erreicht.

Test 2: Deutschland

1a **Wähle unten die Karte aus, die Deutschland abbildet. Kreise sie rot ein, streiche die falsche Karte durch.** /1

1b **Zeichne die ungefähre Lage folgender Orte ein. Fülle dann die Lücken.**

Zeichne für die Hauptstadt einen roten Punkt.
Sie heißt: ____________________

Zeichne für den höchsten Berg ein schwarzes Kreuz.
Er heißt: ____________________

Zeichne mit dunkelblau ein Gewässer ein.
Ich wähle das Gewässer: ____________________ /3

2 **Welche Länder grenzen an Deutschland? Male sie an. Streiche die Länder durch, die nicht an Deutschland grenzen.**

Spanien | Frankreich | Dänemark | Norwegen

Tschechische Republik | Serbien | Griechenland | Belgien

/ 4

3 **Deutschland ist eine Bundesrepublik. Was bedeutet das? Kreuze an.**

	richtig	falsch
Deutschland besteht aus 18 Bundesländern.	○	○
Die Bundesländer haben sich zu einem Bund zusammengeschlossen.	○	○
Jedes Bundesland hat eine eigene Regierung.	○	○

/1,5

4a **Deutschland auf der Karte. Färbe ein: Brandenburg (gelb), Hamburg (rot), Rheinland-Pfalz (grün), Thüringen (blau).**

/4

4b **Benenne die Landeshauptstädte und schreibe das passende Bundesland dazu.**

	Hauptstadt	Bundesland
🟠		
🔵		
🟢		

/3

4c **Familie Huber wohnt in München (X in der Karte). In den Sommerferien wollen sie an die Ostsee fahren. Durch welche Bundesländer könnten sie fahren, wenn sie dabei eine möglichst kurze Strecke zurücklegen wollen?**

/2,5

5 **Welches Bundesland ist gemeint?**

Durch diese Bundesländer fließt die Donau:

_______________ und _______________

Diese Bundesländer liegen an der Grenze zu Polen:

_______________, _______________, _______________

Diese Bundesländer liegen an der Nordsee:

_______________ und _______________

Dieses Bundesland hat die meisten Einwohner: _______________

Dieses Bundesland hat die größte Fläche: _______________ /9

6a **Kreise die deutsche Flagge ein.**

/1

6b **Welches Tier ist auf dem deutschen Wappen abgebildet?**

_______________ /1

7 **Nenne etwas, auf das folgender Satz zutrifft: Deutschland ist bekannt für …**

____

_______________ /1

8a **Der Tag der Deutschen Einheit ist ein deutscher Feiertag. Auf welches Datum fällt der Tag der Deutschen Einheit?**

_______________ /1

8b **Erkläre, wie dieser Feiertag entstanden ist.**

____

_______________ /2

Von 34 Punkten hast du ____ erreicht.

Europa

Europa ist ein **Kontinent**. Seine **natürlichen Grenzen** sind das Nordmeer (im Norden), das Uralgebirge (im Nordosten), das Mittelmeer (im Süden) und der Atlantik (im Westen).

In Europa leben über 700 Millionen Einwohner, verteilt auf ca. 50 Länder.

Der höchste Berg ist der **Mont Blanc (4810 m)** an der Grenze zwischen Frankreich und Italien. Der längste Fluss ist die **Wolga (3531 km)**.

Der Name Europa stammt aus der griechischen Sagenwelt. Der Göttervater Zeus verliebte sich in eine **Königstochter mit Namen Europa**, verwandelte sich in einen Stier und entführte sie auf die Insel Kreta.

Wichtige Fakten

Derzeit haben sich **27 Länder Europas** zur **Europäischen Union (EU)** zusammengeschlossen: Belgien, Bulgarien, Dänemark, Deutschland, Estland, Finnland, Frankreich, Griechenland, Irland, Italien, Kroatien, Lettland, Litauen, Luxemburg, Malta, Niederlande, Österreich, Polen, Portugal, Rumänien, Schweden, Slowakei, Slowenien, Spanien, Tschechien, Ungarn und Zypern. Die EU beschließt gemeinsame Gesetze, die für alle Mitgliedsländer gelten. Dazu haben sie das **Europäische Parlament (in Straßburg)** und den **Europäischen Rat (in Brüssel)**. Für Aufsehen sorgte Großbritannien 2019/20, als es in einem langwierigen Prozess aus der EU austrat (Brexit).

20 Länder haben den **Euro** als gemeinsame Währung, z. B.: Deutschland, Österreich, Italien ...

Die Flagge der EU

Die im Kreis angeordneten Sterne auf der Flagge der europäischen Union stehen für Einheit und ein friedliches Zusammenleben der Völker Europas.

Die Mitgliedsstaaten der EU müssen die Grundsätze achten: **Freiheit, Demokratie und Achtung der Menschenrechte**. Die Anzahl der Sterne hat nichts mit der Anzahl der Mitgliedsstaaten zu tun.

Einige europäische Staaten

Staat	Flagge	Hauptstadt	Sehenswürdigkeit/Besonderheit/wichtige Infos
Belgien		Brüssel	Sitz des Europarats, Brügge (besonders sehenswerte Stadt)
Frankreich		Paris	Eiffelturm, Louvre (Museum, bekanntes Gemälde: Mona Lisa von Leonardo da Vinci)
Österreich		Wien	Prater (großer (Vergnügungs-)Park in Wien), Mozart (Komponist) kam aus Salzburg
Schweiz		Bern	Rheinfall (sehr großer Wasserfall), die Schweiz gehört nicht zur EU
Schweden		Stockholm	Schloss Gripsholm, Kinderbuchautorin Astrid Lindgren
Dänemark		Kopenhagen	Die kleine Meerjungfrau (Skulptur in Kopenhagen)
Tschechische Republik		Prag	Klöße, Karlsbrücke in Prag
Griechenland		Athen	Akropolis, Oliven, viele Inseln
Polen		Warschau	Königspalast in Warschau

Test: Europa

1a Kennst du dich in Europa aus?
Notiere zu jeder Nummer Land und Hauptstadt.

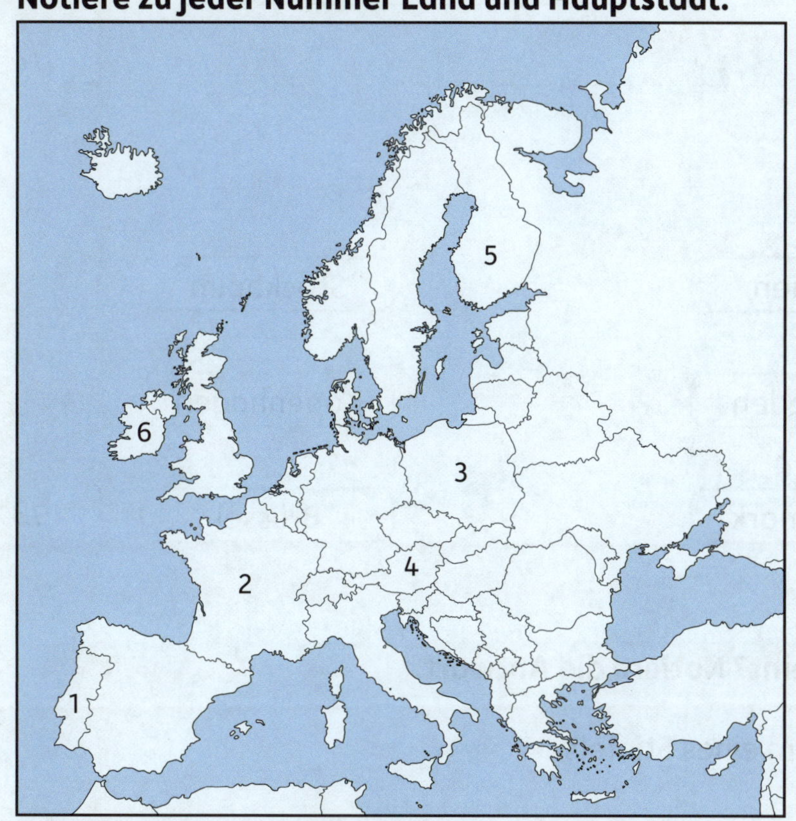

	Land	Hauptstadt
1		
2		
3		
4		
5		
6		

☐ /6

1b Färbe auf der Karte oben ein.

 Staat mit der Hauptstadt Belgrad

 Ein Staat, der südlich an Deutschland grenzt und der nicht zur EU gehört

 Staat, dessen Nachbarländer Österreich, Deutschland, Polen und die Slowakei sind

 Ein Land, das an Deutschland angrenzt und nördlich von Deutschland liegt

 Ein flächenmäßig sehr kleines Land, das von Deutschland, Belgien und Frankreich begrenzt wird

☐ /5

2 Wähle zwei europäische Länder (außer Deutschland) aus und nenne jeweils eine typische Besonderheit, Sehenswürdigkeit oder Persönlichkeit des Landes.

____

_______________ /2

3 Verbinde richtig.

	Belgien	Stockholm
	Schweden	Kopenhagen
	Dänemark	Brüssel

/3

4 Welches europäische Land ist gemeint? Notiere die Antwort.

Dieses europäische Land hat die Form eines Stiefels:

____

Madrid ist die Hauptstadt dieses europäischen Landes:

____

Dieses Land liegt südöstlich von Deutschland. Seine Flagge ist rot-weiß-rot gestreift: _______________

Dieses Land liegt ganz im Südosten Europas. Zu ihm gehören viele kleine Inseln, die im Mittelmeer liegen: _______________ /4

5 Die Europaflagge. Kreuze an: richtig oder falsch?

	richtig	falsch
Die Flagge der europäischen Union zeigt 12 gelbe Sterne auf blauem Grund.	○	○
Die Sterne auf der Europaflagge stehen für die Anzahl der Mitgliedsstaaten.	○	○
Die kreisförmig angeordneten Sterne stehen für Einheit, Solidarität und Harmonie zwischen den Völkern Europas.	○	○
Die Sterne auf der Europaflagge stehen für die Anzahl der Gründungsmitglieder.	○	○

/2

6 Welche natürlichen Grenzen (z. B. Meere oder Gebirge) hat der Kontinent Europa? Schreibe sie für den Westen und den Süden zur Windrose.

Nordmeer

N

Uralgebirge

W **O**

S

/2

7 Fülle die Lücken.

Der Name des Kontinents Europa stammt aus der griechischen ________.

In der Europäischen Union haben sich ________ Staaten zusammengeschlossen.

Einige dieser Staaten haben als gemeinsame Währung den ________.

In Brüssel trifft sich der ________.

Im Jahr 2020 ist ________ aus der Europäischen Union ausgetreten (Brexit).

/5

8 Erkennst du diese Länder an ihrer Form? Schreibe sie auf.

A B C

/3

Von 32 Punkten hast du ____ erreicht.

Kinder haben Rechte

Die Kinderrechtskonvention der Vereinten Nationen

Lange Zeit galten Kinder als Besitz ihrer Eltern und mussten sich den Wünschen der Erwachsenen unterordnen.

Dies änderte die **Kinderrechtskonvention der Vereinten Nationen** (englisch: **U**nited **N**ations). Eine **Konvention** ist eine Abmachung. Die Kinderrechtskonvention ist also eine Abmachung darüber, wie Kinder behandelt werden sollen und welche Rechte sie haben. Ein **Recht** ist etwas, das dir zusteht und das dir niemand nehmen darf.

Die Kinderrechtskonvention wurde im **November 1989** beschlossen und von über 190 Ländern der Erde unterschrieben. Zusammengefasst enthält sie folgende Punkte:

Kinder haben ein Recht ...

... auf Gleichbehandlung und Schutz vor Ausgrenzung. Die Kinderrechte gelten für alle Kinder auf der ganzen Welt, egal ob sie ein Junge oder ein Mädchen sind, welche Hautfarbe oder Religion sie haben.

... auf Gesundheit. Wenn ein Kind krank ist, muss es die Möglichkeit haben, zum Arzt zu gehen und Medikamente zu bekommen.

... sich zu informieren, eine eigene Meinung zu haben, sich mitzuteilen und gehört zu werden. Ein Beispiel hierfür sind die Demonstrationen „Fridays for Future“, bei denen vor allem Kinder und Jugendliche seit 2019 mehr Klimaschutz fordern.

... auf Bildung. Kinder dürfen eine Schule besuchen, damit sie lernen können und später eine gute Arbeit finden. In Deutschland ist der Schulbesuch Pflicht.

... auf Freizeit, Spiel, Erholung und Rückzugsmöglichkeiten. Kinder dürfen spielen, dazu muss es genügend Platz und Möglichkeiten geben, z. B. Spielplätze.

... auf eine Erziehung ohne Gewalt. Kinder dürfen nicht geschlagen werden, auch wenn sie etwas falsch machen oder etwas schiefgeht.

... auf eine Familie, elterliche Fürsorge und ein sicheres Zuhause. Dazu gehört auch das Recht auf einen Namen, eine Geburtsurkunde und eine Nationalität.

... auf Schutz vor Grausamkeit und Gewalt im Krieg, auf der Flucht oder bei Katastrophen.

... eine gute Betreuung bei Behinderung.

Diese Rechte beschreiben, wie das Leben eines Kindes aussehen sollte. Sie sollen sicherstellen, dass alle Kinder die Möglichkeit bekommen, ein gutes Leben zu führen.

Aber wer achtet darauf, dass diese Rechte auch eingehalten werden? Zunächst einmal achten **Eltern** darauf, dass die Rechte ihrer Kinder eingehalten werden. Benötigen sie dazu Hilfe, können sie in Deutschland Unterstützung vom Jugendamt bekommen.

Hilfsorganisationen

Trotz der Kinderrechtskonvention werden in vielen Ländern die Kinderrechte nicht eingehalten. In manchen Ländern müssen Kinder arbeiten, obwohl Kinderarbeit verboten ist. Gründe, warum Kinderrechte nicht eingehalten werden, sind z. B. Armut, Katastrophen und Kriege. Verschiedene **Hilfsorganisationen** arbeiten daran, die Einhaltung und Umsetzung der Kinderrechte in vielen Ländern zu verbessern. Große und bekannte Kinderhilfswerke sind zum Beispiel:

- **Save the Children** (übersetzt: „Rettet die Kinder“)
- **UNICEF** (United Nations Children’s Fund, Kinderhilfswerk der Vereinten Nationen)
- **SOS-Kinderdorf**
- **World Vision**
- **Deutsches Kinderhilfswerk e. V.**
- **Plan International**

Beispiele für die Arbeit der Kinderhilfswerke:

- Sie sorgen für sauberes Trinkwasser, dazu werden Brunnen gebaut (z. B. in Somalia und Äthiopien).
- Sie versorgen Kinder in Kriegs- und Katastrophengebieten oder Kinder, die davor auf der Flucht sind, mit Nahrung und Medikamenten, zum Beispiel im Kriegsgebiet Syrien oder in den griechischen Flüchtlingslagern.
- Sie bauen Schulen und sorgen dafür, dass Kinder dort lernen können, z. B. in Madagaskar.

Besuche im Internet
die Seiten der Hilfsorganisationen. Wähle ein Projekt aus.
Schreibe dir Notizen auf.

Kinderrechte und Demokratie

In einer Demokratie haben alle Bürger die gleichen Rechte (siehe Kapitel „Gemeinde“). Die Kinderrechte geben auch Kindern eine Stimme. Auch wenn Kinder an Wahlen noch nicht teilnehmen, sollen Politiker Kinder in Entscheidungen miteinbeziehen, die Kinder betreffen. Dies kann z. B. bei einem **Kindergipfel** geschehen, bei dem Kinder mit Experten oder Politikern über bestimmte Themen diskutieren und Abmachungen darüber treffen.

Test: Kinder haben Rechte

1a Welches sind Kinderrechte? Male Richtiges an, streiche Falsches durch.

Recht auf Gesundheit

Recht auf ordentliche Kleidung

Recht auf Internet

Recht sich zu informieren und sich mitzuteilen

/2

1b Wähle eines der Kinderrechte aus 1a aus. Erkläre, was es bedeutet oder nenne ein Beispiel.

/2

2 Wo sind die Kinderrechte aufgeschrieben? Wann wurden sie beschlossen? Notiere.

/2

3 Welche Kinderrechte werden hier verletzt? Schreibe sie auf.

Anna lebt in Deutschland. Sie hat eine schlechte Note geschrieben und bekommt zu Hause eine Ohrfeige.

-

Pedro lebt in Peru. Seine Familie ist sehr arm. Statt in die Schule zu gehen, arbeitet er den ganzen Tag als Schuhputzer, um Geld zu verdienen.

-
-

Mira lebt auf den Straßen von Delhi (Indien). Nachts schläft sie in einem Pappkarton.

-

/4

4 Warum sind Kinderrechte wichtig? Begründe.

/1

5 Was wird in deiner Gemeinde oder deiner Stadt getan, um diese Kinderrechte zu verwirklichen? Nenne Beispiele.

Recht auf Bildung:

Recht auf Spiel und Freizeit:

/2

6 **Was bedeuten diese Kinderrechte? Verbinde. Achtung: Ein Satz bleibt übrig!**

Recht auf eine Familie, elterliche Fürsorge und ein sicheres Zuhause

Recht auf Gleichbehandlung und Schutz vor Ausgrenzung

Kinderrechte gelten für alle Kinder auf der Welt – egal welche Hautfarbe sie haben und welcher Religion sie angehören.

Kinder müssen in jeder Beziehung gleich behandelt werden wie Erwachsene.

Kinder dürfen nicht allein leben. Erwachsene müssen sich um sie kümmern und darauf achtgeben, dass es ihnen gut geht.

☐ /2

7 **Hilfsorganisationen versuchen auf der ganzen Welt bei der Einhaltung der Kinderrechte zu helfen. Nenne 2 Hilfsorganisationen.**

☐ /2

8 **Eine Demokratie hat verschiedene Merkmale. Kreuze an.**

	richtig	falsch
In einer Demokratie sollen Politiker Kinder in Entscheidungen miteinbeziehen, die sie betreffen.	○	○
In einer Demokratie dürfen auch Kinder zur Wahl gehen.	○	○
In einer Demokratie gibt es Rechte, die für alle gelten. Auch Kinder haben Rechte.	○	○
In einer Demokratie entscheidet derjenige, der auch genug Geld dazu hat.	○	○

☐ /2

9 **Kinderarbeit ist verboten. Trotzdem dürfen Kinder zu Hause mithelfen und z. B. den Tisch abräumen. Erkläre den Unterschied.**

☐ /2

Von 21 Punkten hast du ___ erreicht.

Rund ums Fahrrad

Erfindung und Entwicklung des Fahrrads

1. Draisine
(Laufrad von Karl Drais, 1817)

2. Hochrad
(mit Pedalantrieb am Vorderrad, ab ca. 1870)

3. Modernes Fahrrad
(mit Pedalantrieb, ab 1885)

Verkehrssicheres Fahrrad

- Vorderradbremse
- Hinterradbremse
- Glocke/Klingel
- Vorderlicht (Scheinwerfer)
- Weißer Frontstrahler (vorne)
- Rotes Schlusslicht
- Roter Großflächenrückstrahler (hinten)
- Speichenreflektoren
- Pedalrückstrahler

Auch ein gut sitzender **Helm** mit **Prüfzeichen** und **einstellbaren Riemen** kann die Verkehrssicherheit erhöhen.

Mit dem Fahrrad im Straßenverkehr

- Ich fahre am **rechten Fahrbahnrand**. Wenn es einen **Radweg** gibt, benutze ich diesen.
- Ich halte **drei Radlängen Sicherheitsabstand**.
- Ich achte auf andere Verkehrsteilnehmer und nehme **Rücksicht**.
- Wenn ich Fahrrad fahre, anstatt mich im Auto fahren zu lassen, schone ich die **Umwelt**.

Richtiges Anfahren

1. Das Fahrrad bis zum Fahrbahnrand **schieben**
2. Auf den **fließenden Verkehr** achten
3. Rad in Fahrtrichtung auf die **rechte Seite** schieben
4. Aufsteigen und nach hinten links **umsehen**
5. **Handzeichen** links
6. **Losfahren** mit beiden Händen am Lenker

Wichtige Verkehrszeichen für Radfahrer

Gehweg

Radweg

Verbot für Radverkehr

Verbot der Einfahrt

Vorrang des Gegenverkehrs

Gefahrenstelle

Verhalten am Fußgängerüberweg

1. Vorsichtig an den Zebrastreifen heranfahren
2. Blickkontakt mit Fußgängern aufnehmen
3. Warten, bis Fußgänger die Straße überquert haben

Am Fußgängerüberweg haben Fußgänger Vorrang!

Vorbeifahren an Hindernissen

1. **Umsehen** nach links hinten
2. **Handzeichen** links
3. **Einordnen** in der Mitte
4. **Gegenverkehr** beachten und vorbeilassen
5. Mit Sicherheits**abstand** zum Hindernis vorbeifahren
6. **Handzeichen** rechts
7. **Einordnen** rechts

Toter Winkel

Die grün eingezeichneten Bereiche kann der Fahrer des LKW aus seinem Fenster und im Außenspiegel sehen.

Im **rot eingezeichneten Bereich** kann der LKW-Fahrer den Radfahrer **nicht sehen**. Man nennt diesen Bereich den „Toten Winkel“:

- Abbiegende Laster **überhole** ich **niemals rechts.**
- Ich halte **Abstand** und versuche **Blickkontakt** herzustellen.

Vorfahrtsregeln in ihrer Rangfolge

1. Polizist

2. Ampel

3. Verkehrszeichen

4. Rechts vor links

Verkehrszeichen zur Regelung der Vorfahrt

Vorfahrtstraße

Ende der Vorfahrtstraße

Vorfahrt an dieser Kreuzung

Stopp! Vorfahrt gewähren

Vorfahrt gewähren

Abknickende Vorfahrtstraße

Das Linksabbiegen

1. **Umsehen** nach links hinten
2. **Handzeichen** links
3. **Einordnen**
4. **Vorfahrt** beachten
5. **Gegenverkehr** beachten und vorbeilassen
6. Nochmal **umsehen**
7. **Abbiegen** in großem Bogen
8. **Fußgänger** beachten und am rechten Fahrbahnrand weiterfahren

Test 1: Rund ums Fahrrad

1 Fülle richtig aus.

/3

2 Ergänze folgende Sätze sinnvoll mit Fachbegriffen.

Zu einem vorausfahrenden Fahrrad halte ich ______________________ Sicherheitsabstand. Wenn ich an einer Kreuzung abbiege, muss ich immer ein deutliches ______________________ geben. Wenn ich auf einer Straße in Deutschland Fahrrad fahre, muss ich immer am ______________________ Fahrbahnrand fahren. An Fußgängerübergängen haben Fußgänger ______________________.

/4

3 Kreise das Schild ein, das „Fußgängerüberweg" bedeutet.

/1

4 Du schiebst dein Fahrrad aus einem Grundstück und willst nun sicher auf der Straße losfahren. Notiere alle Schritte, die dazu nötig sind.

____

____

____

____

/3

5 **Welche Bedeutung haben diese Verkehrsschilder? Verbinde richtig.**

Vorfahrt an dieser Kreuzung	Verbot der Einfahrt	Gefahrenstelle	Vorrang des Gegenverkehrs

/2

6a **Male die beiden folgenden Schilder richtig aus und benenne sie.**

STOP

/3

6b **Erkläre in einem Satz den Unterschied zwischen den beiden Schildern.**

/2

7 **Du fährst mit dem Fahrrad an eine Kreuzung, an der eine Ampel den Verkehr regelt. Heute steht ein Verkehrspolizist auf der Kreuzung. Die Ampel zeigt „Rot“, aber der Polizist winkt dir und zeigt, dass du in die Kreuzung fahren darfst. Wie verhältst du dich?**

/1

8 Auf deiner Fahrbahnseite hat ein Lieferwagen geparkt. Du willst mit deinem Fahrrad an diesem Hindernis vorbeifahren. Schreibe alle Schritte in Stichpunkten auf.

____

____

____

____

____

____

☐ /3,5

9 In welcher Reihenfolge darf hier gefahren werden? Nummeriere je Bild richtig.

A

____ Radfahrer

____ Auto

B

____ Radfahrer

____ Auto

C

____ Radfahrer

____ Auto ____ Bus

☐ /3,5

10 Was machen die Radfahrer falsch? Wie sollten sie sich verhalten? Erkläre.

____

____

____

____

____

____

☐ /2

11 **In welcher Reihenfolge dürfen die Verkehrsteilnehmer hier fahren? Schreibe die Buchstabenfolge unter das Bild.**

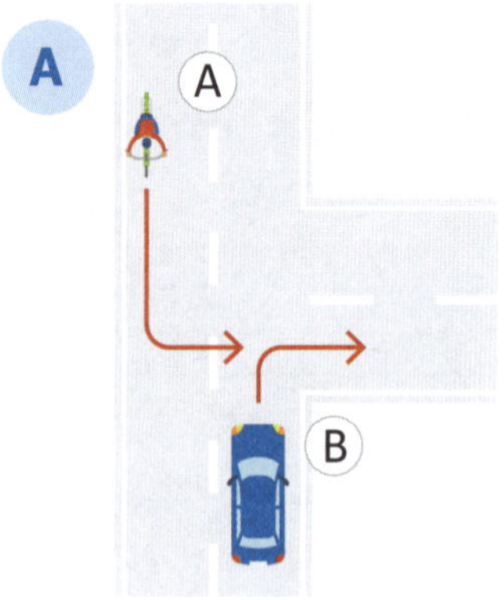

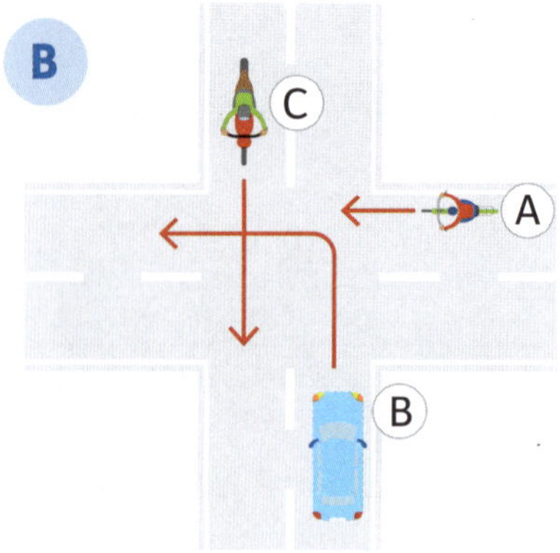

A

B

/2

12 **Du willst mit dem Fahrrad an einer Kreuzung, an der „rechts vor links“ gilt, links abbiegen. Ergänze die fehlenden Schritte zum Linksabbiegen.**

1. ______________________
2. Handzeichen links geben
3. Einordnen
4. ______________________
5. ______________________
6. Nochmal umsehen
7. ______________________
8. Fußgänger beachten und am rechten Fahrbahnrand weiterfahren

/2

13 **Wie verhältst du dich bei diesem Schild richtig? Schreibe einen Satz.**

____

____

____

____

/1

Von 33 Punkten hast du ______ erreicht.

Test 2: Rund ums Fahrrad

1 Richtig oder falsch? Kreuze an.

	richtig	falsch
Beim Radfahren auf der Straße fahre ich immer möglichst dicht hinter meinem Vordermann.	○	○
In Deutschland fahre ich am linken Fahrbahnrand.	○	○
Ein Verkehrspolizist auf einer Kreuzung setzt die sonst geltenden Vorfahrtsregeln außer Kraft. Ich muss auf seine Handzeichen achten.	○	○
An unbeschilderten Kreuzungen ohne Ampel gilt die Vorfahrtsregel „rechts vor links“.	○	○

/2

2a Erfindung und Entwicklung des Fahrrades. Nummeriere die Bilder in der zeitlich richtigen Reihenfolge. Beginne mit dem ältesten Fahrrad.

/1

2b Betrachte die Bilder von 2a genau. Welches ist der entscheidende Unterschied zwischen dem Fahrrad auf dem ersten Bild und dem heutigen Fahrrad?

/1

3 Du näherst dich mit dem Fahrrad einem Zebrastreifen, an dem ein Kind steht. Wie verhältst du dich? Schreibe zwei Stichpunkte.

/2

4 Nenne fünf Dinge, die ein verkehrssicheres Fahrrad haben muss.

/5

5 Warum ist diese Situation für den Radfahrer gefährlich? Wie sollte er sich verhalten?

/2

6 Welche Aussagen passen zu den Schildern? Verbinde richtig. Streiche die Schilder durch, die nicht passen.

Ich muss auf jeden Fall anhalten, auch wenn keine anderen Fahrzeuge zu sehen sind.

Ich habe Vorfahrt an der nächsten Kreuzung.

Ich muss anderen Fahrzeugen Vorfahrt gewähren.

Auf dieser Straße habe ich an jeder Einmündung Vorfahrt.

STOP

/3

7 Du willst mit dem Fahrrad an einer Kreuzung ohne Verkehrsschilder nach links abbiegen. Notiere in Stichpunkten alle Schritte, die dazu notwendig sind.

/4

8 **Du fährst mit dem Rad auf das jeweilige Schild zu. Wer hat Vorrang? Schreibe es darunter.**

_______________ _______________ _______________

/3

a **Welches Verkehrsschild weist dich auf ein Hindernis auf deiner Straßenseite hin? Kreise es ein. Streiche die falschen Schilder durch.**

/1,5

b **Wie fährst du sicher an einem Hindernis vorbei? Nummeriere.**

- ◯ einordnen in der Fahrbahnmitte
- ◯ Handzeichen links
- ◯ Gegenverkehr beachten
- ◯ umsehen nach links hinten
- ◯ rechts einordnen
- ◯ Handzeichen rechts
- ◯ mit Sicherheitsabstand am Hindernis vorbeifahren

/3,5

10 **In welcher Reihenfolge darf hier gefahren werden? Nummeriere je Bild richtig.**

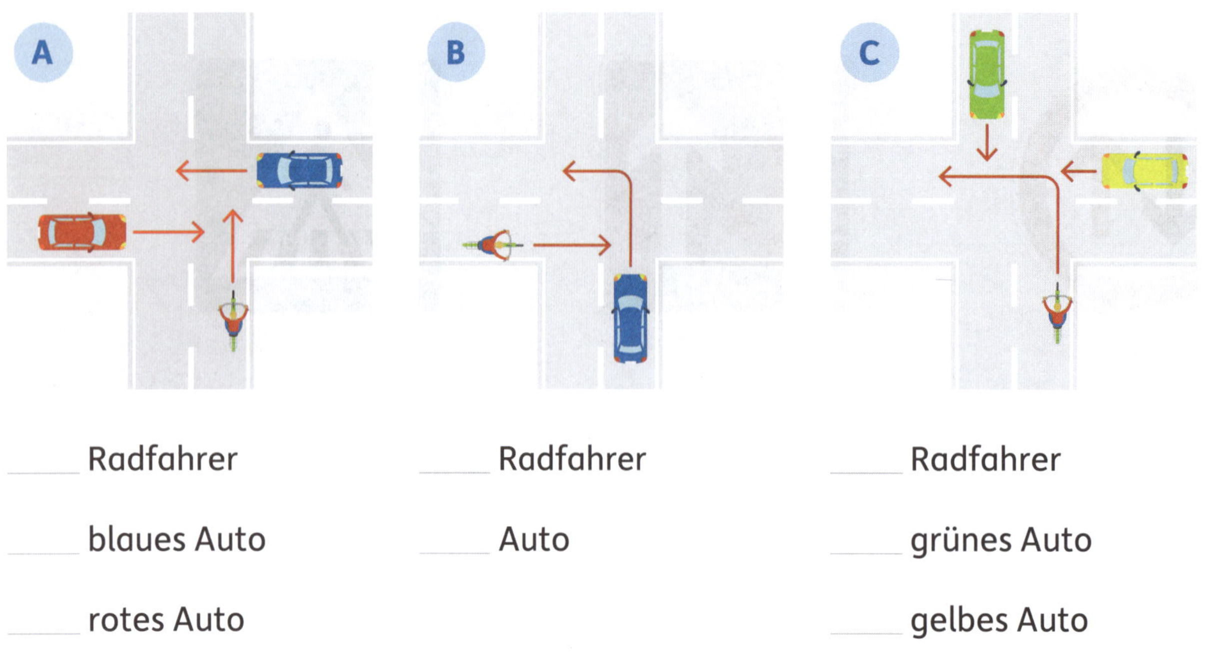

A	B	C
____ Radfahrer	____ Radfahrer	____ Radfahrer
____ blaues Auto	____ Auto	____ grünes Auto
____ rotes Auto		____ gelbes Auto

☐ /4

11 **Vier Freundinnen machen einen Ausflug mit dem Fahrrad. Gib ihnen zwei Tipps für mehr Verkehrssicherheit.**

____

____

____

____

☐ /2

12 **Betrachte die beiden Schilder. Sie haben unterschiedliche Bedeutungen. Überlege, was der Unterschied ist, und erkläre.**

____________________ ____________________

____________________ ____________________

☐ /1

Von 35 Punkten hast du ____ erreicht.